JN411233

자연의 미소 야생화

자연의 미소
야생화

— 芝山 김천환 팔순기념수필집 —

천마산에서 피는 처녀치마꽃을 살펴보는 저자

머리말

우리 아파트 베란다에 조그만 난蘭 화분에서 씨를 뿌리지도 않았는데 스스로 싹이 터서 자라나는 범부채와 개양귀비를 어렵게 어렵게 길러서 꽃을 피울 수 있었다. 꽃을 길러본 경험은 없었지만 사랑과 정성을 쏟아부은 결과였다는 생각을 해본다. 나름의 노력한 보람를 느낄 수도 있었고 꽃을 피웠다는 성취감도 맛볼 수 있는 행복한 시간이었다. 좋은 이야기는 여러 사람과 공유하면 좋겠다는 생각으로 '아파트베란다에 찾아온 행복'이란 제목의 글을 써서 조선일보에 보냈더니 2014년 9월 19일자 'ESSAY'로 게재되었다. 일간 신문에 칼럼은 몇 번 기고하여 게재되기도 했지만 내가 처음으로 세상에 내놓은 수필이었으니 감격이었고 신기하기도 했다.

나름대로 글쓰기에 관심이 높아지면서 소재가 생기면 과장이나 각색하지 않고 본 대로 느낀 대로 생각되는 대로 써서 몇 군데 일간 신문이나 잡지에 보내면 채택되어 게재되기도 했다. 수필분야 등단을 권하는 친구도 있었지만 전연 분야가 다른 토목기술자가 취미로 즐기는 글쓰기였으므로 언감생심焉敢生心 등단까지는 생각해 본적이 없었고 그런 필요성을 느끼지도 않았었다.

그러면서 3~4년이 지났다. 글쓰기를 정식으로 배우지도 않고 쓰는 내 수필이 어느 정도의 수준인지 객관적인 평가를 받아보고 싶다는 생각이 들었다. 누구한테 어떻게 평가를 받아야 되는지 절차나 방법도 모르고 막연히 수필작가들의 모임이 있을 것이라는 생각만으로 인터넷에서 검색된 한국수필가협회에 문의를 했다. 월간 '한국수필'에 새로 쓴 수필 3편을 제출해보라는 안내에 따라 수필 3편을 정리하여 제출했다.

E-mail로 원고를 보내면서도 등단 되기를 희망은 해보았지만 등단의 가능성을 크게 기대하지는 안했었다. 한 달 정도 지난 뒤에 축하 메시지와 함께 등단 소감과 필요

한 구비 서류를 보내라는 E-mail이 왔다. 늦은 나이에 의외의 등단이라 무척 쑥스럽기도 했지만 감격과 함께 가능성도 느꼈다. 시작이 늦었다기보다는 남은 시간이 많지 않다는 생각에 아쉬움도 있지만 늘그막에 미소를 주시는 은혜로 알고 감사할 뿐이었다.

수필작가로 등단은 했다지만 아직은 나의 글쓰기는 뿌리가 여리고 깊지도 않다. 더 굵고 깊은 뿌리를 내리도록 노력해야겠다는 다짐도 해 본다. 화려하지는 않아도 뚜렷한 색깔과 심오한 향기를 풍기어 길손들의 발걸음을 멈추게 하는 야생화 같은 글을 쓰고 싶다는 꿈도 가져 본다.

어려서부터 꽃을 좋아하는 편이기는 했지만 정년퇴직 후에 시골의 농장에 오고 가며 야생화가 눈에 뜨이기 시작하였고 점점 야생화에 관심이 깊어지면서 나는 '꽃을 좋아하는 남자'가 되었다. 학창시절에는 인문계열보다는 이공계열에 관심이 많았고 과학자가 되어 노벨상을 타겠다는 야무진 꿈을 가진 소년이기도 했다. 해마다 가뭄과 홍수로 빈곤과 배고픔에 시달리는 농촌을 위해 일해야겠다는 생각으로 대학에서 농업관련 토목공학을 전공하였고 그 분야 공기업에서 평생동안 일한 토목기술자가 인생 끝자락에 오묘한 자연과 야생화를 즐기는 것이 소일거리가 되었다. 해가 갈수록 야생화 세계에 푹 빠지면서 시간에 틈만 나면 산이나 들에서 도서관에서 인터넷에서 서재에서 자연의 오묘한 섭리를 기웃거리는 것이 일상이 되면서 야생화는 내 생활의 중심에 자리를 잡았다.

흐르는 세월에 떠밀려 내 나이 80세가 되니 자식들이 '팔순기념 수필집'을 만들자는 권고를 한다. 틈틈이 써왔던 야생화 관련 수필들을 모아서 『자연의 미소 야생화』라는 제목의 수필집을 꾸며 보았다. 대부분의 꽃은 곱고 아름답고 향기로워서 사람들은 누구나 꽃을 보면 미소를 짓게 된다. 나는 언제부터인가 자연 속에서 자연의 섭리로 싹이 트고 자라서 꽃을 피우는 야생화에 '자연의 미소'라는 이름을 붙여주었다. 타고난 얼굴 모양이 평생 변하지 않는 인간처럼 자연계에서는 형상이나 위치가 변하지 않는 강이나 산이 자연의 얼굴이리라. 산야山野에서 만나는 곱게 핀 야생화들의 미소를 보고 있노라면 나도 덩달아 미소를 지으며 야생화가 역시 자연의 미소라는 생각을 하며 산행을 한다.

이번 수필집은 야생화 이야기가 대부분이라 봄, 여름, 가을, 겨울 등 계절별로 장章을 나누어 편집했고 가능하면 해당 계절에 피는 꽃 이야기를 같은 계절에 모아서 편집하였다. 전국의 곳곳을 다니며 만났던 꽃 사진들을 계절별로 편집하여 수필 속에 등장하는 야생화들의 느낌에 도움이 되도록 시도해 보았다.

우리나라 농업사의 대가이시고 농림수산부 차관보, 농촌경제연구원장, 한국농어촌공사사장 등을 역임하신 김영진 박사님의 축사와 한국수필가협회 부이사장이신 권남희 수필가의 추천사에 가슴 깊이 감사드립니다.

2018년 6월 21일

80회 생일을 맞으며

김 천 환

축사

김영진 박사
(전 한국농어촌공사 사장)

지산芝山 김천환 선생의 산수傘壽를 기념하기 위하여 지산의 자녀들이 부친께서 틈틈이 써서 일간신문이나 잡지 등에 기고하여 게재되었던 주옥같은 수필들과 야생화를 보고 즐기며 써온 아름다운 수필들을 모아서 '팔순기념수필집'을 출판한다고 한다. 평소 지산을 아끼던 필자는 그 자녀들의 부친을 공경하는 마음이나 효심이 아름다워 무딘 펜을 빌어 필자가 보아 왔던 지산의 인품과 재능을 글로 써서 축사로 대신코저 한다.

널리 알려져 있는 것처럼 지산은 농업토목을 전공한 토목기술사로 한국농촌공사에서 한평생을 일한 과학기술인이다. 그는 사업을 기획하고 설계하는 능력이 특출하여 공사에 재직 중에도 기획설계분야의 고위직에서 오래 근무하며 농촌 발전에 크게 기여한 최고급기술자이었다. 기술자들은 대부분 원칙과 정확성을 중요시하는 업무가 많아서 상대적으로 융통성이 적은 사람으로 알고 있었다. 그런데 지난번 출판된 지산의 회고록 '퍼즐인생'을 읽어보고 의외로 부드럽고 섬세한 관찰력을 가진 문인기질이 다분한 분임을 알게 되었다.

몇 년 전 어느 가을날 조선일보 한 면의 전면에 게재된 지산의 수필을 읽게 되었다. 아파트 베란다의 난 화분에서 싹튼 야생화를 정성으로 길러서 꽃을 피웠던 과정을 섬세하게 관찰한 내용이었다. 너무도 기쁜 마음에 지산에게 전화로 축하와 함께 계속해서 수필분야에 정진하기를 권했던 일도 있었다.

지산은 그 후에 월간 한국수필에 정식으로 등단을 하였지만 우리나라 일간신문 중에 발행 부수가 가장 많고 자부심이 강한 조선일보에 수필이 게재되었다는 것은 등단보다 더 영예롭고 값진 일이었다. 등단 작가라 해도 누구에게나 수필게재를 허락할 만큼 조선일보가 가벼운 신문이 아니기 때문이다.

필자는 지산이 몸담고 있었던 한국농어촌공사의 사장을 역임했던 인연으로 정년퇴직 후에도 동호인들의 정기모임에서 자주 만나고 있다. 그 모임이 있을 때마다 그동안 신문에 게재된 지산의 수필이 궁금했었다. 그런데 이심전심이었는지 지산은 내가 궁금해하는 것을 미리 알고 있었던 것처럼 그동안 신문에 게재되었던 새로운 수필들을 모아서 나에게 건네주어 나의 궁금증을 풀어 주기도 했다.

문학을 특별히 공부하지도 않은 지산의 이런 수준 높은 수필들이 어떻게 이루어졌는지를 생각해 보았다. 지산이 삶의 방법으로 이룩한 토목설계와 일맥상통한다는 생각이 든다. 설계라는 것은 한치의 오차도 허용되지 않는 치밀함을 요구한다. 지산의 수필은 대부분 치밀하고도 집중적 관찰의 결과를 섬세하게 묘사한 글들이다. 평상시 일해온 토목설계업무가 오늘의 지산 수필을 받여준 토대가 되었다는 생각을 해본다. 그런 토대 위에 그의 타고난 천성天性적 표현력이 구사된 것이 지산의 수필이다. 저믄 나이에 외도로 시작한 그의 수필이 처음부터 문학을 전공한 사람 못지않은 까닭은 뼈에 깊숙이 스며 있는 그의 삶의 이력에 천부적 인문정신이 결합 되었기 때문이다.

지산에게 바라노니 앞으로도 계속 정진하여 제2, 제3의 수필집을 낼 수 있기를 바란다. 한편의 수필이 활자화될 때마다 삶의 희열을 만끽할 수 있기 때문이다. 그 희열을 창조하기 위하여는 항상 마음이 바쁘다. 마음이 바쁘면 몸도 바빠지게 된다. 심신이 바쁘면 건강을 유지할 수 있으므로 수필만이 천수天壽를 누리는 지름길이 될 수 있기 때문이다.

훤칠한 키와 시원하게 벗어진 지산의 이마와 같이 청량감 넘치는 제2의 수필집을 고대하며 축사에 대신코자 한다.

| 추천사 |

김천환의 사랑과 정성의 선물 야생화 에세이

권남희 수필가
(사.한국수필가협회 부이사장 · 리더스 에세이 발행인)

김천환 수필가는 성실하다. 어떤 일이든 시작하면 정성을 들이고 학구적 태도를 유지한다. 그런 맥락에서 그가 보여주는 꽃 사랑은 존경스럽다. 그는 어렸을 때부터 꽃을 좋아하여 관심을 갖고 있었지만 직장을 정년 퇴직한 후에 본격적으로 국내외 산을 찾아다니며 동호회 활동을 하고 있다. 야생화를 관찰하며 촬영하고 기록하여 남기는 일은 생각보다 쉽지 않다. 글에서 언급했다시피 촬영에 몰두하다 넘어지고 담에서 떨어지는 일도 겪기 때문이다.

자연에서 스스로의 힘으로 자라고 꽃 피우는 야생화를

더 사랑하는 이유는 강력한 에너지와 치유의 기분전환 그런 메시지를 전달받기 때문이라 밝혔다.

처음 아파트 베란다 난 화분에서 싹이 튼 개양귀비field poppy, 일명 꽃양귀비와 범부채leopard flower를 발견하여 키우면서 꽃까지 피워낸 이야기가 조선일보 2014년 9월 19일자 'ESSAY'로 게재되기도 했다. 누구의 도움도 없이 처음으로 세상에 내놓은 수필이니 신기하고도 감격스러운 일이지 않았을까. 본격적인 야생화 기르기와 관찰, 감상이야기는 시공간을 넘나들게 된다. 이번 수필집 작품에 등장하는 수많은 야생화는 집 근처 광교산부터 꽃밭같은 화악산, 야생화가 많은 태백산이나 무갑산, 천마산, 여수 금오산, 독일, 네덜란드, 노르웨이, 싱가포르 등 국내외를 발로 뛴 후기들이다.

10년이 넘었으니 전문가 경지에 올랐다고 보겠다. 그의 탐구열은 야생화를 사랑하는 사람들의 모임인 야사모www.wildplant.kr 등에서도 알 수 있다.

소박하지만 선을 넘지 않고 늘 최선을 다하는 김천환 수필가. 그의 열정은 당나라 사람에 견줄만하다. 당나라 사람들의 꽃 사랑은 중국 역사상 최고수준이었다. 웬만한 가정이나 귀족들은 개인정원이 있었고 꽃에 대한 모든 것을 기록하고 품종을 개량하고 꽃 감상의 정보를 나누었다. 시성 두보가 거처를 옮긴 후 제일 먼저 한 일이 친구에게 갖가지 꽃을 부탁한 일이었고 그 꽃들을 가꾸어 꽃이 만발한 집으로 유명해졌다. 충주지사로 임명받은 백거이도 그 마을에 꽃이 없는 것을 한탄하며 직접 꽃과 나무를 심어 아예 꽃 고을로 만들었다.

야생화를 사랑한다면 캐가고 싶은 충동을 억제하고 마음을 비워야 한다고 말하는 김천환 수필가는 순애보적이고 소년같은 감수성도 넘친다. 몇 년 전 금혼식을 위해 아내에게 편지를 썼는데 읽는 이도 감동을 받으니 아내에게 사랑받을 자격이 충분하다고 생각한다.

- 그때의 당신의 모습은 아직도 기억에 너무 생생하고 감동적이라 지금도 소년 같이 가슴이 퐁당거리기까지 합니다. 종아리가 조금 보이는 짧은 치마에 연분홍 블라우스를 입은 갈래머리의 아름다운 천사였지요. -

또한 〈옥잠난초〉는 김천환 수필가의 자화상이라 할 수 있다. 옥잠난초에서 강열한 패기와 젊음을 느끼면서 젊은 날의 자신을 뒤돌아보게 할 정도라 했다.

이제 작가로서 다시 패기를 되찾고 젊음으로 돌아가는 시간을 만나리라 기대해본다.

김천환 팔순 기념 수필집 《자연의 미소 야생화》 출간을 축하드립니다.

2018년 6월

목사님의 축복기도에 감사하며 즐거워 하는 아내(순복음 강남교회 권사)와 저자

CONTENTS

봄 _ 봄 마중

CONTENTS

여름 _ 자연의 미소 야생화

CONTENTS

가을 _ 꽃 가족

겨울 _ 소박한 행복

CONTENTS

삶 _ 감사

금난초(충남, 안민도)

홍매화(서울, 홍릉)

봄 _ 봄 마중

꽃은 벌이 올 것을 믿고 꽃을 피웠을 것이고
벌은 향기 따라 가면 꽃이 있음을 믿고 날아왔으리라.

깽깽이풀(경기, 국립수목원)

처녀치마꽃(경기, 천마산)

은방울꽃(경기, 광교산)

노루귀꽃(강원, 영월)

복수초(전북, 대둔산)

너도바람꽃(경기, 천마산)

쪽동백꽃(경기, 발화산)
새우란(충남, 안민도)
동강할미꽃(강원, 영월 동강)
노랑무늬붓꽃(강원, 태백)
앉은부채꽃(경기, 천마산)

변산바람꽃(전남, 향일암)

자연의 오묘함을 보고 듣고 느끼고 있노라면
마음이 편해지고 정신이 깨끗해진다.

까치밥

내 나이 70대를 마감하는
정유丁酉년 끝자락에 뒤 돌아보니

알게 모르게
서로가 서로를
밀어주고 끌어주며 어울려 살았다지만
모두가 나에겐 햇빛이요 공기이었네

잘한 일도 있겠지만 잘못한 일 먼저 떠오르고
힘들었던 일보다는 즐거웠던 일이 앞에 보이지만
받은 도움은 넘치는데 베품은 모자라네

먼저 떠난 또래 친구들 손꼽을 수 없지만
아직 살아 있음을 감사하며

오늘 같은 내일을 주시면
늙은 감나무 홍시처럼 까치밥 되면서 어울려 살려하네.

- 무술년戊戌年을 맞으며

봄 마중

야생화를 좋아하는 사람들은 춥고 긴 겨울이 지루하기만 하다. 꽃소식과 함께 전해오는 봄소식을 학수고대해 보지만 입춘이 지나도 추위가 계속되니 답답하기까지 하다. 기다리다 못해 향일암向日庵으로 봄 마중을 가는 야사모 야생화를 사랑하는 사람들의 모임 회원들을 따라 나섰다.

향일암은 전남 여수시 돌산읍의 남쪽 끝에 있는 금오산 323m 절벽에 있다. 울창한 동백나무와 기암절벽이 어우러진 산이다. 다도해해상국립공원을 내려다보면서 붉다 못해 누런 황금덩어리 해님이 떠오르는 환상적인 일출광경을 바라볼 수 있다고 하여 향일암이란 이름을 얻었다고 한다. 아직은 만발하지는 안았어도 붉게 핀 동백꽃이 돌산도 여기저기에서 보인다. 동백나무는 눈보라치는 겨울에도 싱싱하고 윤기 나는 푸른 잎으로 강한 생명력을 보여주기도 하지만 겨울의 끝자락에 탐스럽게 피어나는 붉은 꽃은 방긋 웃는 여인의 입모습을 연상시키기도 한다. 향일암 입구의 임포마을에는 수령이 5백년이나 되었다는 동백나무가 살고 있을 정도로 향일암과 동백나무는 만고풍상을 같이 한 오랜 역사의 동반자라는 생각이 든다.

향일암으로 가는 등산로 입구 마을의 도로변 상가에는 갓김치와 말린 홍합을 비롯한 여러 가지 해산물을 파는 아낙들이 시식을 권고하는 판매 경쟁으로 산행 길이 분주하다. 돌산도는 청정해역이고 갓김치로 유명한 지역이라는 것을 누가 설명하지 않아도 알 수 있을 정도로 상가는 활기차다.

산을 오르다 보니 큰 나무보다는 덩굴성 잡목들이 많고 낙엽이 쌓인 나무들 사이 여기저기에서 변산바람꽃이 눈에 들어온다. 무더기로 모여 있기도 하고 혼자 자태를 뽐내는 아이도 있다. 아직은 꽃이 활짝 핀 것보다는 부끄러운 듯 갸웃이 고개를 숙인 꽃봉오리가 더 많아 보인다.

변산바람꽃은 우리나라 특산종으로 전북대학교 선병윤교수가 전라북도 부안군의 변산반도에서 처음 발견하여 학명을 등록한 의미 있는 야생화이기도 하다. 우리나라 중부이남지역에 분포되어 있으며 햇볕이 잘 들고 습기가 있는 낙엽수림 가장자리에서 잘 자라는 여러해살이 풀이다. 땅속 깊숙하게 숨어있는 동그란 도토리 같은 덩이뿌리에서 올라온 꽃줄기 끝에 하얀 꽃받침이 꽃잎처럼 꽃을 피운다. 변산바람꽃의 꽃잎은 얇은 녹황색으로 아주 작게 퇴화되었고 꿀을 머금고 있어서 꿀샘이라 부르기도 한다. 콩나물대공처럼 생긴 꽃줄기에 달린 꽃봉오리를 손가락처럼 생긴 잎사귀포엽가 감싸고 있는 모양이 추워서 떨고 있는 꽃봉오리를 살포시 감싸주고 있는 가녀린 어린아이 손처럼 보여 귀엽기도 하지만 안쓰러워 보이기도 한다.

다른 아이보다 좀 크고 활짝 핀 변산바람꽃이 보인다. 이른 봄에 피는 매화꽃 모양으로 하얀 꽃잎꽃받침 다섯 개가 활짝 피어 있다. 연록색의 암술과 보랏빛의 수술들이 모여 있고 그 주변에 깔때기처럼 퇴화된 꽃잎 십여 개가 꽃술들을 둘러쌓고 있는 모양새다. 음지에는 아직 겨울눈이 녹지 않았고 아침에는 서릿발이 하야케 서있어도 낮에 햇빛이 들고 기온이 오르면 겨우내 굶주린 벌이 날아와 머리는 꽃술 속에 집어넣고 엉덩이는 하늘로 향하고 배를 채우는 모습을 보면서 생명본능을 느낄 수 있었다. 겨울잠에서 깨기는 했지만 비몽사몽 상태에서 배고팠던 벌이 실바람에 실려 온 꽃향기 내음에 눈이 번쩍 뜨였으리라. 오랜 겨울잠으로 굳어진 날개나 다리를 흔들어 보고나서 꽃향기를 따라 여기까지 찾아 왔을 것이다.

꽃이 품어내는 향기를 사람은 맡을 수 없을 정도라도 곤충들은 알고 찾아왔다. 아직은 날씨가 춥지만 꽃은 벌이 올 것을 믿고 꽃을 피웠을 것이고 벌은 향기 따라 가면 먹이가 있음을 믿고 추위를 무릅쓰고 날아왔으리라. 꽃은 찾아온 곤충들에게 먹이를 주고 곤충들은 꽃가루를 옮겨주어 열매를 맺게 한다. 혹자는 이런 모습을 식물들이 곤충이나 동물을 고용한다고 표현하기도 하지만 자연의 순수함을 거스르며 사는 인간의 각박한 생활에서 표출된 메마른 사고思考라는 생각을 해 본다.

금오산 옆에 있는 천왕산385m 골짜기에는 가느다란 가지에 매달린 분홍빛 하얀 꽃들이 독특한 향기를 강하게 퍼트려 등산객들을 자기 앞으로 불러 모으는 길마가지나무 꽃도 볼 수 있다. 가파른 골자기인데 돌 부스러기에 흙이 섞여 있는 무른 땅이고 낙엽이 쌓여서 미끄러워 산을 오르기가 무척 조심스러웠다. 서있는 나무를 잡고 한발 한발 오르다보니 하얀 털이 보송보송한 여린줄기 위에 분홍색 노루귀꽃이 눈에 들어온다.

산을 조금 더 오르니 하얀 노루귀꽃 형제가 나란히 서서 서로 이야기를 주고받는 것처럼 정겨운 모습도 보인다. 가지복수초도 여기저기에 샛노란 꽃을 피우고 있다. 가지복수초의 잎은 깃털처럼 생겨 독특하고 검붉은 줄기와 가지 끝마다 눈이 부시게 노란 꽃이 한 송이씩 핀다. 가지복수초가 무리지어 누~런 황금색 꽃밭을 이루고 있는 모습은 아직도 겨울눈이 녹지 않은 골짜기에서 따뜻한 온기가 느껴지는 것 같다.

하잘것없어 보이는 곤충이고 생각이 없는 식물이라지만 한편이 베풀면 한편은 보답하고 있는 신비스럽고 오묘한 자연현상을 바라보며 나는 자연의 순리를 생각해 본다.

자연의 섭리를 거스르며 지나치리만큼 각박하고 풍요를 경쟁하며 살고 있는 오늘의 우리보다 아주 오래전에 자연의 순리대로 순박하게 살았던 우리 선조들이 행복지수가 더 높았을 것이라고.

구봉도 노루귀

구봉도九峰島는 크고 작은 봉우리가 9개가 있다고 해서 얻은 이름이다. 경기도 안산시에 있는 대부도 옆의 조그만 섬이었던 구봉도는 오이도와 대부도를 연결하는 시화 방조제가 건설되면서 1980년대에 육지와 연결되었다. 동서방향으로 기다란 고구마 모양의 구봉도는 섬 길이가 2km 정도이고 아홉 개의 산봉우리 중 제일 높은 봉우리가 해발 100m 정도라고 한다. 섬 중간쯤에 물맛 좋기로 유명한 구봉이 약수터가 있다. 바다 쪽 끝에 있는 고깔이 봉에는 바다와 하늘을 붉게 물들이며 날마다 새로운 그림을 연출하는 서해의 일몰광경을 구경할 수 있는 낙조대落照臺도 있다.

전남 여수 돌산도에 있는 금오산326.5m에서는 2월 중순이면 변산바람꽃과 함께 노루귀꽃이 피기 시작하지만 이곳 구봉도에서는 3월이 되어야 하얀색과 분홍색 노루귀꽃이 피기 시작한다. 활엽수들의 낙엽이나 썩은 나무 가지들의 틈을 비집고 올라오는 연약한 노루귀 꽃대와 꽃봉오리를 감싸고 있는 포엽苞葉에 하얀 털이 보송보송 나 있는 것이 어쩐지 여리고 안쓰럽게 보인다. 그렇지만 추위를 참고 견디며 꽃봉오리를 품고 있다가 날씨가 따뜻해져서 꽃을 피울 수 있겠다고 생각되면 세상 밖으로 꽃봉오리를 밀어내는 모습에서 강한 생명력을 느끼며 모성애도 느껴진다. 하얀 털로 쌓인 꽃대가 깔끔하고 청초한 진분홍색 꽃을 다소곳이 머리에 이고 있는 모습은 싱그럽고 귀여운 소녀가 연상되기도 한다.

여러해살이 풀인 노루귀는 해가 지나면서 뿌리 덩이가 커지고 큰 뿌리덩이에서 여러 개의 노루귀꽃대가 올라와 꽃무더기를 이룬다. 구봉도의 노루귀는 큰 꽃무더기가 여기저기 많은 것으로 보아 오래전부터 이곳에서 자생하고 있었던 것으로 추측되기도 한다. 털이 보송보송한 하얀 노루귀 꽃봉오리 10여 개가 겹겹이 쌓인 낙엽 때문에 올라오지 못하여 꼬불꼬불 서로 엉켜 있는 모양이 아주 어린 노루새끼들이 옹기종기 모여 추위에 떨고 있는 모습으로 연상되기도 한다.

'어린 노루새끼들이 추워서 웅크리고 있구나!' '귀엽다 애기노루들아?'라고 혼자 중얼거리는 사이 웅크리고 있던 꽃봉오리 하나가 고개를 끄덕이는 것처럼 바람에 흔들거린다.

한참동안을 자연의 신비로움을 보고 느끼며 카메라에 몇 장을 담아왔지만 집에 와서 다시 본 화면은 어쩐지 생동감이나 현장감의 한계가 있다는 생각이 들었다. 물론 초보인 내 촬영기술도 문제였지만 장비나 기술이 아무리 좋아도 현장에서 만나려는 꽃과 그 주변의 나무나 풀 등의 상황은 물론 토양이나 날씨 그리고 관찰자의 관심이나 기분 등에 따라 달라지는 느낌이나 감정은 사진에 기록할 수는 없기 때문일 것이다. 꽃구경은 물론 자연의 오묘한 섭리를 생생하게 보고 느끼려면 현장에서만 가능하다는 평범한 공부를 또 했다. 노루귀의 꽃이 지고나면 알록알록한 무늬가 있는 노루귀잎사귀가 다른 풀들과 함께 구봉도를 짙푸른 섬으로 바꾸어 놓을 것이다.

구봉도 앞 바다 건너에 선재도와 영흥도라는 섬 아닌 섬이 있다. 교량으로 연결되어 육지처럼 자동차로 자유롭게 통행 할 수 있는 섬으로 행정구역은 인천광역시 옹진군이다. 영흥도의 서북쪽에 있는 국사봉 기슭에 통일사라는 조그만 사찰이 있다. 고려 말 이성계의 집권으로 쫓겨난 고려 왕족 익령군 왕기王琦가 표류하다 이곳 영흥도에 착륙하여 살았다고 한다. 왕기가 국사봉을 지나다가 마신 옹달샘 물맛이 범상치 않아 그곳에 기거하면서 매일 그 물로 목욕하며 환도還都를 계획했다는 이야기가 전해올 정도로 통일사는 물맛이 좋기로 유명하기도 하다.

통일사는 6·25 전쟁 당시 학도병으로 참전하여 서부전선에서 장열하게 전사한 서형석 하사의 넋을 기리고 그의 통일염원을 이어받아 조국통일기원염불을 계속하기 위하여 서경석 하사의 부인이었고 현재 통일사 주지스님이신 최선규 스님이 1983년에 이곳 국사봉에 통일사를 창건했다고 하는 뜻 깊은 사연이 있는 사찰이기도 하다.

애틋한 사랑과 남북통일을 염원하는 애국심이 녹아 스며있는 통일사 주지스님의 깊은 불심과 애절한 염원의 결과였는지 통일사 뒷산에 노란 복수초福壽草 꽃이 피기 시작했다. 복수초는 눈이나 어름 속에서 핀다고 얼음새꽃이라는 이름을 가지고 있기도 하며 음력 설 전후인 입춘立春 무렵에 하얀 눈 속에서 꽃을 피워서 따듯한 봄이 오는 것을 알려주는 꽃이기도 하다.

복수초는 이름처럼 복福과 장수長壽를 상징하는 대표적인 꽃이다. 산속의 숲 그늘에서 자라는 여러해살이 꽃인데 키는 30cm 정도까지 자라지만 꽃이 지고나면 줄기와 잎사귀가 무더운 여름을 견디지 못하고 시들어 자취를 감춰버리는 식물이다. 꽃은 눈부실 정도의 샛노란 빛을 발광하는 황금빛 꽃이 원줄기와 가지마다 끝에서 한 송이씩 핀다. 꽃을 촬영할 때 빛을 조절하지 않으면 꽃 가운데 모여 있는 꽃술들의 선명도가 떨어질 수 있을 정도로 노란색이 강하게 발광하는 꽃이다. 꽃은 지름이 3~5cm 정도이며 가운데 암술이 있고 주변에 수술이 둘러싸여 있다. 20~30개의 꽃잎이 수평으로 퍼지다가 끝 쪽에서 약간 올라가 보시기모양을 하고 있어 황금잔이라고 부를 정도로 곱고 아름답다. 낮에는 꽃잎이 펴지고 저녁에는 오므라든다.

통일사에 핀 복수초 꽃은 사랑하는 남편을 위한 주지 스님의 지극한 염불에 전사한 남편이 저승에서 감동하여 보낸 사랑의 꽃일 것이라는 생각을 해보면서 최선규 주지스님의 염원이고 우리 모두가 바라는 평화적 남북통일이 하루 속히 이루어지기를 기원해 본다.

- 2017년 1월, 월간 '한국수필' 게재

해남 대흥사

1975년도 봄이었다. 전남 해남에서 출장 업무를 마치고 읍에서 가까운 두륜산에 있는 대흥사 절 구경에 나섰다. 대흥사 경내를 둘러보며 서예로 유명한 추사 김정희 선생이 제주도에 유배를 가다가 이곳 대흥사를 들러 친구인 초의선사에게 써주었다는 무량수각无量壽閣이란 현판과 원교 이광사 선생이 쓴 대웅보전大雄寶殿이란 현판 등 문화재를 감상하며 우리 선조들의 예술성을 어렴풋이나마 느낄 수 있었다. 대흥사 입구쯤에 동백꽃나무터널의 동백꽃들이 활짝 피어 미녀들이 방긋방긋 웃으며 지나는 길손들을 반겨주고 있는 모습처럼 곱고 아름다워 처음 보는 동백꽃이 매우 인상적이었다.

그 무렵 가수 이미자의 '동백아가씨'란 노래가 유행되면서 온 나라를 동백꽃으로 붉게 물들이었던 대 히트곡이었다. 어린아이들이나 노인들 까지도 흥얼거리고 중얼거릴 정도였다. 그리움에 지치고 울다 지쳐서 꽃잎이 빨갛게 멍이 들었다는 동백나무의 이름은 '동백아가씨' 노래 가사에서 처음 알았지만 실제 동백꽃나무를 만난 것은 이곳 대흥사 입구에서 처음 보았다.

대흥사를 둘러쌓고 있는 두륜산자락을 바라보면서 감탄사가 절로 나왔다. 전날 제법 많은 봄비가 내리기도 했다지만 구름 한 점 없이 청명한 파란하늘을 배경으로 한 두륜산줄기의 산자락에 초록빛 새 잎사귀들에 눈부신 햇살이 반사되어 별처럼 반짝거린다. 부는 듯 마는 듯 살랑거리는 봄바람에 온 산의 초록이파리들이 반짝반짝 춤을 추는 광경이 너무도 아름답고 신비스러워 숨 쉴 사이도 없이 감탄사만 연발했다. 카메라로 수없이 셔터를 눌렀지만 흑백 필름이었고 워낙 먼 거리라 인화를 해 보았더니 나무가 많은 산으로만 보이는 사진이었다. 그래도 나는 그 사진을 보고 당시의 황홀했던 느낌을 다시 떠올리며 혼자 미소를 지으며 즐거워 했다.

해남 출장의 마지막 날 아침에 여관 마당에 헌 가마니로 덮어놓은 무더기가 보인다. 주인에게 물어보았더니 동백꽃나무 묘목이라고 한다. 묘목을 사다 길러보고 싶다는 호기심이 발동되어 뒤적여보니 1년생 묘목이었다. 한 두 주씩은 팔지 않는다는 것을 사정하여 어린 동백꽃나무 2주를 사가지고 서울 집으로 와서 화분에 하나씩 심었다.

한 달쯤 지나니 한 포기가 잎이 시들어 떨어진다. 화분에서 뽑아 보았더니 뿌리에 붙어 있는 흙이 찰흙이라 돌처럼 굳어서 수분이 뿌리로 스며들지 못하여 말라 죽은 것이다. 아직 죽지 않은 나머지 한 포기를 조심스럽게 뽑아 뿌리를 물에 담가 놓았다가 찰흙을 씻어 내고 물 빠짐이 좋은 흙으로 다시 심었다. 일주일 정도 지나니 이파리에 생기가 돌며 살아났다.

몇 년이 지난 후 동네 꽃집 앞을 지나다가 빨간 꽃잎에 꽃술이 노란 동백꽃이 예쁘게 핀 모습을 보고 꽃집 안으로 들어가 동백꽃나무를 사다 심은 지가 4~5년이 넘었는데 왜 꽃이 안 피는지 주인에게 물어 보았다. 동백나무는 습기를 좋아 하기 때문에 건조하면 꽃이 안 핀다고 꽃집 주인이 설명을 한다. 가을에 꽃봉오리가 생길 때부터 스프레이로 물을 자주 뿌려주어야 한단다. 한 겨울이 되는 12월 중순쯤에 화분에 물을 흠뻑 주고 동백나무와 화분을 비닐봉지로 넉넉하게 싸서 화분을 햇빛이 잘 드는 곳에 옮겨 놓고 기다려 보면 꽃이 필거라고 한다. 그 이듬해부터 꽃집주인의 진단과 처방대로 해보았더니 꽃이 피기 시작 한다. 그 후로는 실내가 건조해지는 가을부터 뿌리나 잎에 습기관리를 적절히 해주고 꽃봉오리에도 충분히 수분공급을 해주어 해마다 꽃을 피우고 있다.

자식을 양육하려면 크고 작은 일들이 연속 되듯이 꽃을 기르는 것도 마찬가지인 것 같다. 우리 동백꽃나무도 분갈이 후유증으로 목숨이 심각한 경우도 몇 번 있었고 장기여행 중에 물주기가 부족하여 목말라 낙엽처럼 잎이 떨어질 정도로 죽기 직전상태에서 다시 살려내기도 했다. 어려운 병을 앓고 난 자식에 정이 쏠리듯 만고풍상을 겪으며 40여 년 넘게 해마다 꽃도 피우고 새가지가 돋아나며 오늘에 이른 동백꽃나무가 대견해 보이기까지 하다.

화분에서 살고 있으니 분재라고는 하지만 길거리에 내놓으면 아무도 눈길을 주지 않을 정도로 아주 볼품없는 나무일뿐이지만 나에게는 아주 소중한 자식 같은 동백꽃나무라고 스스럼없이 자랑하고 싶다.

요리 보아도 예쁘고 저리 보아도 곱게만 보여 태양처럼 뜨거운 사랑을 나누던 신혼부부도 세월과 함께 늙어서 겉으로는 볼품없는 할멈과 할배가 되었지만 신혼 때보다 더 애틋하고 따뜻한 사랑과 마르지 않는 옹달샘물처럼 솟아오르는 정情과 끊을 수도 없고 끊어지지도 않는 인연因緣 때문에 늙은 부부가 정답고 아름답게 살아가는 것처럼 나는 사랑과 정과 인연으로 동백꽃나무를 비롯한 베란다의 꽃자식들과 어울려 노후를 즐기고 있다.

천마산의 봄

겨울잠에서 깬 개구리가 알을 낳는다는 경칩驚蟄 무렵에 너도바람꽃이 피었다는 소식을 듣고 천마산 팔현계곡을 찾았다. 천마산812.4m은 경기도 남양주시의 한가운데에 자리 잡고 있다. 주변에 20여개 읍 면 동이 사방으로 둘러싸여있어 어미닭이 병아리를 포근하게 품고 있는 형국이다. 팔현계곡은 수목이 우거지고 골짜기가 깊어서 맑은 계곡물이 항상 흐르는 곳이다. 오늘따라 바람도 없고 사람도 보이지 않아 이른 봄의 조용한 계곡을 흐르는 물소리가 살아 있는 천마산의 고동鼓動소리처럼 들린다.

계곡 물소리를 들어가면서 한참을 올라가다가 물가에 있는 바위에 앉아 쉬고 있었다. 너무 조용하다는 생각에 적막을 깨보려고 혼자 야호를 외치고 손뼉을 몇 번 쳤다. 손뼉소리에 놀란 다람쥐 한 마리가 어디선가 펄떡 뛰어 나와 썩은 나무둥치에 올라가 사방을 살펴본다. 나도 갑자기 나타난 다람쥐에 깜짝 놀라 손도 움직이지 않고 숨소리도 참아가며 눈만 깜박거리고 있다가 다람쥐와 눈이 마주쳤다.

긴장된 시간이 조금 흐른 뒤 무심결에 다람쥐에게 가까이 오라는 신호로 입을 조금 벌리고 혀를 차는 것처럼 조그만 소리를 내 보았다. 다람쥐가 알아듣는 듯 고개를 갸웃갸웃하며 나를 바라본다. 나는 손가락도 꼼작 않고 혀 차는 소리만 계속 내 보았다. 다람쥐가 커다란 돌덩이를 펄쩍펄쩍 건너뛰어서 나를 향해 가까이 온다. 손에 잡힐 정도로 가까이 와서 나를 요리조리 살펴본다. 먹거리가 없어 배가 고픈가 하는 생각이 들었지만 나에게는 다람쥐가 먹을 만한 것이 아무 것도 없었다. 사진이라도 찍고 싶은데 내가 움직이면 다람쥐가 떠날 것 같아 꼼짝도 안 하고 서로 눈만 바라보며 시간이 흐른다.

다람쥐가 '땅콩 한조각도 없어요~' 하며 중얼거리는 것처럼 입을 달싹달싹 거린다. '그래 오늘은 준비된 것이 없어 미안하다'고 나도 작은 소리로 중얼댄다. 내 마음이 전달되었는지 다람쥐는 꼬리를 번쩍 추켜들고 2~3m 정도 뛰어가다가 멈추더니 아쉬운 듯 나를 다시 바라본다. '잘 가라 귀여운 다람쥐야' 하며 손을 흔들어 주었다. 카메라에 다람쥐를 담는 사이에 펄쩍펄쩍 돌덩이를 건너뛰며 멀리 사라진다. 길지 않은 시간이었지만 자연에 몰입되었던 시간이라 내 마음속에 다람쥐의 여운이 오래도록 남을 것 같다.

너도바람꽃이 필만 한 곳을 찾아 계속 올라가 보았지만 꽃이 보이지 않아 아쉬웠지만 발길을 돌려 산을 내려오는데 건너편 나무 밑에서 사진을 찍는 사람이 보인다. 반가워서 가보니 여기저기 몇 포기씩 보이는 너도바람꽃을 사진기에 담고 있었다.

너도바람꽃은 땅에서 올라온 콩나물 줄기처럼 통통한 꽃줄기 끝에 검푸른 포엽苞葉, 꽃봉오리를 감싸고 있던 잎이 꽃 한 송이를 떠받들고 있는 모양새다. 꽁꽁 얼었던 땅을 뚫고 올라온 꽃은 귀엽기도 하지만 강인함과 신비로움이 느껴진다. 꽃모양은 별 하나짜리 장군계급장 모양의 하얀 꽃잎꽃받침 다섯 조각이 봄 햇살에 눈부시게 빛난다. 너도바람꽃은 꽃잎이 퇴화되어 꿀샘이 되었고 하얀 꽃잎처럼 보이는 것은 꽃잎이 아닌 꽃받침이라고 한다.

너도바람꽃을 더 찾아보려고 기웃거리다가 커다란 통나무 옆에 가랑잎 사이로 두툼한 황갈색 육질肉質의 물체가 눈에 뜨인다. 덮여있는 가랑잎을 조심스럽게 치워보니 앉은부채꽃 세 포기가 모여 있다. 와~ 이게 무슨 행운인가. 사진으로만 보던 앉은부채꽃을 여기서 처음 만났으니 정말 기차게 반갑고 감사하다. '야사모야생화를 사랑하는 사람들의 모임' 홈피에 올리면 동호인들이 무척 반가워할 것 같다는 생각도 들었다.

앉은부채는 잎이 배추 잎사귀 모양인데 이른 봄에 잎보다 꽃이 먼저 핀다. 호리병의 반쪽처럼 생긴 불염포佛焰苞로 둥그런 꽃 덩어리를 살며시 감싸고 있는 모양새다. 꽃은 육질이고 네모졌는데 꽃들이 서로 붙어있어 거북등무늬처럼 보이지만 네모난 꽃잎 한가운데에 노란 꽃술이 있어 꽃송이 전체 모양은 도깨비방망이가 연상되기도 한다. 불염포도 두툼한 육질인데 노란색에 갈색의 무늬가 있고 끝이 뾰족하다. 앉은부채꽃은 불염포를 후광後光으로 하여 부처님이 좌선할 때 책상다리를 하고 앉아 있는 모습이 연상된다하여 꽃 이름을 앉은부처라고 했다가 후일 앉은부채로 이름이 바뀌었다고 한다.

팔현 계곡은 흐르는 물도 많지만 개울에 크고 작은 돌이나 바위들이 많다. 흐르는 계곡물은 악기도 없으면서 사람이 흉내 낼 수 없는 청량하고 다양한 물소리를 들려준다. 바위와 바위 사이를 흐르면서 콸콸 소리를 내기도 하고 큰 돌 틈 속으로 흘러들어갔다 솟구쳐 나오며 꾸르륵 꾸르륵 소리를 내기도 한다. 바닥이 평편하고 매끄러운 구간에서는 소리 없이 조용히 흐르다가 개울의 기울기가 급해져 흐름이 빨라지면 꽐꽐 소리를 내며 흐른다. 폭포는 안이지만 쏴아 하며 쏟아지는 소리와 바닥에 철퍽철퍽 부딪치는 소리가 섞여 합창소리를 내기도 한다. 조그만 물줄기로 갈라져 흐르는 물은 졸졸졸 평화로운 소리를 내다가 경사가 급해지면 쫄쫄쫄 하면서 어린아이들이 종알거리는 소리처럼 들리기도 한다.

어떤 골짜기는 캐나다 록키산의 빙하가 연상될 정도로 제법 넓은 빙판의 얼음 골짜기도 있어 눈과 귀가 즐거운 산행이다. 얼음 밑으로 흐르는 물소리는 때로는 꼬루록~ 꼬루록~ 하며 긴 장단을 맞추고 때로는 꼬록 꼬록 하며 짧은 장단을 맞추기도 한다. 11,000여 가지가 넘는 소리를 글자로 표시할 수 있다는 우리 한글로도 계곡에 흐르는 물소리들을 정확하게 표현하기는 어려워 보이고 악기나 사람목소리로 흉내 내기도 거의 불가능해 보인다. 자연만이 낼 수 있는 소리라지만 정말 다양하고 신기하다.

인간은 따라할 수도 없는 자연의 오묘함을 보고 듣고 느끼고 있노라면 마음이 편해지고 정신이 깨끗해지는 것만은 분명해 보인다.

옆구리가 노란 복쟁이 잡던 추억

양지바른 울타리에 영춘화가 노란 꽃을 피우려고 꽃봉오리가 노래지기 시작할 무렵이다. 햇살 좋은 처마 밑에 동네 청년 몇 사람이 모였다. 복쟁이황복 잡는 일을 언제부터 시작하며 돈은 얼마씩 내야 되는지 등을 의논한다. 살을 에이 듯 차디찬 강물 속에 들어가 덜덜덜 떨면서 복쟁이살을 매고 복쟁이를 잡았던 1950년대에 금강변의 고향마을 이야기다.

해마다 봄이 되면 서해바다에서 옆구리가 노란 복쟁이복어의 일종인 '황복'의 사투리들이 민물淡水에 알을 낳기 위하여 군산 앞바다에서 100리 길도 넘는 우리 마을 앞의 금강을 지나 상류로 올라간다. 동네 젊은이들이 공동으로 투자하고 직접 갈대를 엮어서 만든 갈대어살을 금강에 설치하여 복쟁이를 잡았다. 농사일을 시작하기 전이라 특별히 할 일도 없을 때다. 배고픈 보릿고개를 넘기면서 단백질도 보충하고 농사자금도 마련하기 위한 방법이었을 것이다. 어린 시절에 어른들이 그물이 아닌 갈대를 엮어 만든 '복쟁이살'로 복쟁이를 잡아오는 것을 호기심 많은 동갑내기 몇이서 따라다니며 구경을 했다.

복쟁이살은 갈대를 엮어서 만든 발처럼 생긴 어살을 V자를 거꾸로 한 모양으로 강을 가로막아서 복쟁이를 잡는 시설이다. V자의 꼭지 부분이 강의 상류가 되도록 강을 가로막았고 꼭지 부분에는 방(枋, 갈대를 엮은 발로 만든 4각형의 공간인데 어살로 유도되어 들어온 복쟁이들이 모여 갇혀 있는 곳)이 있는 구조이었다.

복쟁이는 바람에 파도가 높아지면 여행을 멈추고 강바닥의 모래 위에 꼼짝도 안하고 붙어 있는 습성이 있다. 강물에 파도가 생기면 강바닥에도 모래너울이 생기면서 강바닥에 붙어있던 복쟁이가 모래너울 속으로 몸이 파묻히

기도 한다. 그래도 복쟁이는 바람이 잔잔해 질 때까지 움직이지 않고 꼼짝도 안한다. 가슴까지 차는 수심水深이지만 강물이 맑아서 강바닥이 훤히 보인다. 모래 속에 파묻혀 있는 복쟁이의 거무스름한 등이 모래위로 보이면 조심스럽게 접근하여 한손으로 코를 막고 물속으로 잠수하고 다른 손으로 복쟁이를 잡아본 추억이 있을 정도로 금강에는 복쟁이가 많았다.

민물에 산란産卵하려고 상류로 올라가던 복쟁이는 강을 가로막은 어살을 만나면 한발 뒤로 물러났다가 다시 상류를 향해 올라가는 동작을 반복하면서 결국 어살을 따라 방枋으로 유도되어 방 안으로 들어간다. 방 안으로 들어온 복쟁이는 자기가 들어온 곳으로 다시 나갈 수도 있지만 나가지 못한다. 복쟁이는 흐르는 강물을 거슬러 올라가야 민물에 알을 낳을 수 있다는 생각 때문에 본능적으로 상류로만 가려고 하기 때문일 것이다. 방枋 안에서 나가지 못하고 갇혀있는 복쟁이들도 머리를 상류방향으로만 향하고 있다고 한다.

서해 바다 조수潮水의 영향으로 하루에 두 번씩 강물의 높이가 낮아질 때 어살의 방에 들어가 오골 오골 모여 있는 복쟁이를 뜰채로 건져오기만 하면 된다. 하루에 몇 바지게씩 잡아 나르던 모습을 백사장에서 구경하며 또래끼리 뛰놀던 기억이 또렷하다.

복쟁이는 독성이 매우 강한 물고기이기 때문에 알과 내장을 제거하고 피를 우려내기 위하여 흐르는 물에 충분히 담가놓았다가 요리를 했다. 가마솥에 들기름으로 살짝 데쳐서 고추장 풀고 갖은 양념도하여 '복쟁이국'(복매운탕)을 끓인다. 구수하고 시원한 국물 맛이나 부드러우면서 독특한 고기의 맛은 어려서부터 길 들려진 어머니의 음식 맛이라는 것을 감안하더라도 옛날에 먹었든 그 맛은 잊을 수가 없다. 근래에는 옆구리가 노란 복쟁이를 금강에서는 잡히지도 않고 볼 수도 없으니 어머니가 끓여주던 '복쟁이국' 생각이 점점 아련해지면서 몹시 아쉬워할 뿐이다.

우리 선조들은 복쟁이를 잡기 위하여 오랜 세월 동안

수 없이 많은 시행착오와 경험을 거듭하면서 복쟁이의 독특한 습성을 찾아내었을 것이다. 그렇게 찾아낸 복쟁이 습성에 알맞은 어살을 만들었고 또 계속해서 개량하고 보완했을 것이다. 원시적이었지만 지혜로운 선조들이 세심하고 정확한 관찰력과 해 내려는 강한 의지와 꾸준한 노력의 결과이었을 것이다. 오늘의 한국인의 근성이었고 토양이었다는 생각에 가슴 뿌듯한 자부심을 느낀다.

광교산 야생화

광교산의 동남 방향에 신봉동 골자기로 광교산을 오르다 보면 골짜기가 깊지는 않아도 큰 나무들로 숲이 우거지고 물도 많고 깨끗하여 한적한 산골분위기를 느낄 수 있다. 크고 작은 바위 틈 사이로 흐르는 물소리만으로도 도시에 살면서 찌든 때를 깨끗하게 씻어 주는 듯 시원해진다. 이름도 모르는 새들의 지저귀는 노랫소리가 점점 멀어져가는 내 귀의 청력이 살아나는 듯 더 곱고 아름답게 들린다.

10여 년 전만 해도 무더운 여름에 가족들과 함께 호젓하게 피서를 했던 골짜기이었는데 산 중턱까지 개발되었다. 아직은 이른 봄에 양지바른 물웅덩이에 올챙이들이 꼬리를 흔들며 오골 오골 움직이는 모습이나 똬리 같은 뭉글뭉글한 도롱뇽 알도 볼 수 있을 정도로 물이 깨끗한 골자기이다.

이른 봄에 꽃을 피우는 하얀 개별꽃이 눈에 들어온다. 봄비에 젖은 흙속에서 비집고 나온 연약한 줄기 끝에서 세모꼴의 연녹색 잎사귀가 달려 있고 그 가운데에서 꽃대가 올라와 청순한 느낌의 꽃을 피우고 있다. 타원형의 새하얀 꽃잎 다섯 조각에 암술이 하나 있고 짙은 갈색의 수술이 꽃잎마다 점을 하나씩 찍은 것처럼 선명하게 보인다.

봄이 깊어지면 지방에 따라 난초꽃이라고도 하는 각시붓꽃이 보라색 꽃잎에 하얀 무늬를 뽐내기도 하고 화사한 산앵두꽃도 있고 봄꽃의 대명사 할미꽃도 보인다. 결혼식 때 신부가 쓰는 족두리처럼 생긴 꽃을 피우는 족도리풀도 있고 개울가 바위틈에 애기괭이눈꽃도 눈에 띈다. 피나물은 질푸른 잎사귀 위에 황금색 꽃이 피는데 줄기를 자르면 불그스름한 액이 나와 피나물이란 이름을 얻었다고 한다. 보라색의 큰 꽃을 피워 멀리서도 잘 보이는 붓꽃이 무더기로 피어 있고 둥굴레와 꽃이나 모양이 같지만 꽃이 두 개씩 짝지어 매달리는 왕둥굴레꽃도 살고 있다.

여름이 되면 배의 프로펠러 날개처럼 생긴 하얀 꽃잎 4개가 달린 꽃을 피우는 외대으아리 덩굴도 여기저기 흔하게 볼 수 있다. 어린아이의 귀여운 다섯 손가락처럼 생긴 잎사귀와 샛노란 꽃을 피우며 땅에 붙어 사는 가락지나물도 흔하게 보인다. 고추나물은 줄기와 가지의 끝 부분에서 노란 꽃을 피우는데 열매가 작지만 고추를 닮았다고 고추나물이라고 한다.

두툼한 둥근 잎사귀에 얼룩얼룩한 무늬가 있는 노루발풀꽃은 유백색의 꽃잎 네 쪽과 꽃술이 있는 꽃이 굵은 꽃줄기에 땅을 향해 매달려 있다. 칡덩굴처럼 이 나무 저 나무를 돌아다니며 꽃을 피는 계요등은 조그만 꽃들이 모여 피는데 꽃은 앙증맞고 귀엽지만 닭의 배설물 냄새를 피운다고 계요등 이란 이름을 얻었다는데 냄새 때문에 인기가 별로 없는 꽃이기도 하다.

여름에 하얀 꽃을 피는 옥잠화와 잎사귀가 비슷하여 옥잠난초라는 이름을 얻었다는데 두툼한 육질의 연두색 꽃잎이 배의 닻처럼 생겼다. 나리꽃 종류인데 꽃 색깔이 노란색에 자주색 점이 찍혀 있는 흔하게 볼 수 없다는 누른하늘말나리꽃도 만나 볼 수 있다. 잎사귀는 고래의 꼬리를 떠올리게 하고 동그란 하얀 방울에서 방울소리가 들리는 듯 은은하게 향기를 풍기는 은방울꽃들이 귀엽고 앙증맞은 꽃을 피우는 모습도 매우 인상적이다. 개화기를 맞추어보면 골짜기마다 다양한 야생화를 계절 따라 만날 수 있는 곳이 광교산이다.

가을이 시작되면 광교산 자락의 등산로 입구 길가에 쑥부쟁이꽃들이 등산로를 덮어 등산객들의 발길을 불편하게 하지만 물씬 물씬 풍기는 꽃향기는 지나는 사람들의 기분을 상쾌하게 해준다. 향유나 배초향처럼 기분 좋은 향기를 피우는 꽃이 대부분이지만 향기롭지 않은 냄새를 풍기는 누린내풀꽃은 굴렁쇠처럼 동그랗게 생긴 독특한 모양의 보라색 꽃을 피우지만 누린내 냄새가 나서 인기가 별로 없다. 분홍색 꽃을 피우는 이질풀도 있지만 하얀 꽃을 피우는 흰이질풀꽃도 흔하게 만날 수 있다. 뿌리가 용의 쓸개처럼 귀한 약효가 있다는 용담은 보라색의 꽃이 늦가을 서리가 내릴 때까지 줄기와 잎 사이에서 곱게 핀다.

길가의 채소밭 울타리에는 나팔꽃과 모양은 비슷하지만 크기가 작은 아기나팔꽃 넝쿨이 보이기도 한다. 가을이 깊어지면 들국화의 대명사 구절초와 쑥부쟁이는 지천으로 보이고 산국은 50원짜리 동전만한 노란 꽃과 함께 짙은 가을 향기를 피우기도 한다.

땅에 습기가 많은 개울가에는 들깨잎사귀 모양의 커다란 잎이 달린 물봉선은 하얀 꽃, 노란 꽃, 분홍 꽃들이 실바람에도 흔들흔들 그네를 타듯 춤을 춘다. 고마리꽃도 개울이나 묵은 논에서 자라면서 이른 아침에 작고 앙증맞은 꽃을 피운다. 고마리꽃은 두툼한 육질의 하얀 꽃잎 끝에 진분홍 물감을 칠한 것처럼 색깔이 곱고 선명하여 신비스럽기 까지 하지만 묵은 논에 무리지어 피면 메밀꽃밭 같은 독특한 분위기를 느낄 수 있다.

광교산에는 꽃을 피우는 나무종류도 다양하다. 잎사귀나 꽃봉오리가 고추 같다고 고추나무꽃이라고 이름이 붙었고, 노린재나무, 덜꿩나무, 산사나무, 가막살나무 등은 꽃모양은 조금씩 다르지만 앙증맞은 조그만 하얀 꽃들이 모여 피어 꽃송이를 이루는 것은 서로 비슷하다. 덜 익은 산딸기 열매처럼 생긴 푸른 꽃을 중심으로 바람개비 모양의 하얀 꽃받침 네 개가 달린 산딸나무꽃도 있고, 가지가 층층으로 자라면서 잎사귀들이 한 층을 이루고 하얀 꽃들이 한 층을 이루면서 층층으로 보이는 층층나무꽃도 하얀 꽃을 피운다. 때죽나무와 쪽동백나무는 꽃모양은 아주 비슷하지만 잎사귀 모양이 때죽나무는 끝이 뾰쪽한 타원형이지만 쪽동백나무는 둥근 심장모양으로 서로 다르기도 하지만 쪽동백나무꽃이 조금 먼저 핀다.

광교산에는 꽃을 피우는 다양한 나무와 풀 종류가 서식하고 있다. 어떤 꽃은 그늘에서, 어떤 꽃은 햇빛이 잘 드는 양지에서, 어떤 꽃은 습기가 많은 곳에서, 어떤 꽃은 물 빠짐이 좋은 땅에서 각각 자기 나름의 적성에 따라 아름다운 꽃도 피우고 향기를 품어주고 그늘도 만들어 준다. 추운 겨울철이 아니면 언제든지 광교산 산자락에 올라가기만 하면 야생화를 만날 수도 있고 흐르는 물소리나 지저귀는 새소리와 울어대는 벌레소리가 끊이지 않는다.

광교산에서 야생화에 파묻혀 있다 보면 몸과 마음이 가벼워지고 기분도 상쾌해지면서 무릉도원이 여기구나를 느끼며 세월 가는 줄 모르는 꽃밭 같은 광교산이라는 생각이 들 정도다.

보 Weir 와 댐 Dam

근래 기후 변화의 영향으로 국지성 집중호우가 자주 발생한다. 도로 등 공공시설의 유실이나 농경지는 물론 주택가 등 시가지가 침수되고 매몰되어 많은 인명과 재산 피해도 많이 발생한다. 좁은 국토면적에 인구는 많고 급격한 산업화로 오염된 하천수의 수질개선도 심각한 상태다. 하천의 생태환경도 복원하고 하천 주변에 잠재된 유무형의 문화나 각종 자원의 개발도 필요하다. 상수도나 각종 산업용수의 수요증가에 따른 수자원의 추가확보가 절실하다. 정부가 4대강사업을 시급하게 해야 할 중요한 이유들이다.

전 국토의 70% 정도가 산으로 되어 있고 나머지 국토의 대부분도 평평한 지형보다는 기울기가 급한 지형이 많다. 비가와도 빗물이 지표면에 오래 머물러 있지 못하고 대부분 1~2일 지나면 바다로 흘러가서 수자원의 부족현상이 생기는 지형적 특성이 있다. 연간 강우량의 2/3정도가 7~8월에 집중적으로 내리는 것이 우리 한반도의 강우 특성이기도 하지만 최근에는 기록적인 집중호우가 빈번해지면서 피해규모도 커지고 있는 것이 최근의 강우 특성이기도 하다.

스스럼없는 고향친구들 모임에서 우연히 4대강사업에 대한 이런저런 이야기를 하다가 보와 댐의 차이에 대하여 이야기한 일이 있다. 4대강사업에서 만든 16개의 보는 수자원을 확보하는 시설이기 때문에 학문적으로나 시설의 기능으로 보아 댐이라고 해야 한다고 설명한 적이 있다.

"댐Dam이란 하천의 흐름을 막아 그 저수를 생활용수, 공업용수, 농업용수, 환경개선용수, 발전, 홍수의 조절, 주운, 그 밖의 용도로 이용하기 위한 높이 15미터 이상의 공작물을 말하며…"라고 '댐 건설 및 주변 지역 지원 등에 관한 법률'에 댐의 기능과 용도를 규정하고 있다.

보Weir, 洑는 "하천에서 농업용수를 용수로에 끌어드리고자 할 때 … 하천의 수위가 용수로의 수위보다 조금 낮거나 같으면 하천을 횡단하는 보를 마련해서 수위를 높여 하천수를 용수로로 끌어드리는 설비를 총칭하여 보시설이라고 한다."(농업수리학, 민병섭 외, 향문사)라고 보의 개념이나 기능을 설명하고 있다. 우리 조상들은 돌이나 나무로 보를 만들어 물레방아 등 동력을 이용하기도 했지만 대부분 농업용수를 공급하는 시설로써 원시농경시대부터 보를 만들어 사용해 왔다.

댐Dam은 흘러가는 하천 물을 막아 수자원을 확보하여 저장하는 기능이 있고, 보Weir는 하천의 수위를 필요한 높이로 높여주는 기능이 있다. 예를 들면 경기도 하남시와 남양주시에 위치한 팔당댐은 한강을 막아서 수자원을 저장하였다가 수도권의 수돗물공급이나 수력발전 등에 필요한 수자원을 확보할 목적으로 건설한 댐이다.

한편 팔당댐 하류인 서울 잠실 부근의 잠실보는 한강의

수위를 필요한 높이로 안정적으로 유지하여 각종 수상 레이저시설에 활용할 목적으로 건설한 보洑다. 잠실보를 설치하여 한강의 흐르는 물을 막아 얼마인가는 물이 저류될 수도 있겠지만 잠실댐이라고 하지 않는 것은 저류된 수자원을 이용할 목적이 아니고 안정적인 한강수위를 유지하기 위한 시설이기 때문에 잠실보라고 한다.

정부는 4대강사업으로 하천을 준설하고 16개의 보를 건설하여 수자원을 확보하였다고 한다. 일반적으로 수자원개발계획은 지역에 따라 예상되는 수자원의 수요량을 판단한 후 그 필요한 수자원을 확보할 수 있는 시설규모를 결정하여 건설하지만 4대강사업에서는 하천을 준설하고 보댐를 막아서 확보된 수자원이다. 4대강사업으로 건설된 16개의 보는 하천 수위를 필요한 높이로 유지할 목적이나 기능보다는 수자원의 확보를 목적으로 설치한 시설이기 때문에 보Weir라는 명칭보다는 댐Dam이라고 해야 후손들이나 알 만한 사람들이 고개를 끄덕일 것 같다.

아프리칸튤립트리(싱가포르)

엉겅퀴꽃(경기, 남한산성)

여름 _ 자연의 미소 야생화

작고 보잘것없어 보여도 뚜렷한 개성과
차별화된 아름다움과 신비로움을 느낄 수 있는 야생화.

자귀나무꽃(충남, 칠갑산)

원추리(충남, 계룡산)

분홍장구채꽃(강원, 한탄강)

범부채(아파트 베란다)

털고광나무꽃(경기, 발화산)

꼬리조팝나무꽃(경기, 불곡산)

얼레지꽃(경기, 화야산)
칡꽃(충남, 칠갑산)
문주란(싱가포르, 부킷티마)
참나리꽃(경기, 경안천)
고마리꽃(경기, 광교산)

금강초롱꽃(경기, 화악산)

해가 갈수록 야생화에 푹 빠져
자연의 오묘한 섭리를 기웃거리는 것이 내 일상이 되었다.

자연의 미소 야생화

지난봄에 고향 선산의 성묘길에서 만난 활짝 핀 진달래꽃이 방긋 웃는 모습으로 나를 반겨준다. 진달래꽃이 많이 피는 고향마을 뒷산에 또래들과 함께 산에 올라 진달래꽃을 따 먹었던 어린시절의 기억이 살아난다. 방글방글 미소를 짓고 있는 소녀처럼 싱싱하고 탐스러운 분홍색 진달래꽃을 찾아서 따 먹다 보면 입술이 불그죽죽해진 얼굴을 서로 마주 보고 깔깔대고 웃으며 즐거워하던 추억이다.

진달래꽃뿐만 아니라 대부분의 꽃들은 곱고 아름답고 향기로워서 사람들은 누구나 꽃을 보면 미소를 지으며 즐거워한다. 연제부터인가 나는 자연 속에서 자연의 섭리 대로 싹이 트고 자라서 자연스럽게 꽃을 피우는 야생화에 '자연의 미소'라는 이름을 붙여주기 시작했다. 한 번 타고난 얼굴 모양이 평생 변하지 않는 사람처럼 자연계에서는 형상이나 위치가 변하지 않는 강이나 산이 자연의 얼굴이리라. 자연의 얼굴에 핀 야생화를 보고 있노라면 '자연의 미소'는 역시 산야에 핀 야생화라는 생각을 하게 된다.

얼어붙은 대동강 물도 풀린다는 우수와 경칩이 지나가며 야생화의 계절이 열리고 있다. 자연의 미소 야생화를 즐기는 사람들은 항상 겨울이 길고 지루하게 느껴지기 마련이다. 겨울 추위에 웅크리고 있던 꽃봉오리나 땅속의 새싹들이 훈훈한 봄바람에 꽃을 피우고 흙을 가르고 올라오는 새로운 생명력을 느낄 수 있는 야생화을 기다리기 때문이리라.

자연의 도움만으로 스스로 싹이 터서 자라고 꽃을 피우고 열매도 맺고 번식도 하는 풀이나 나무들의 꽃을 야생화라고 한다. 우리나라에는 4,900여 종의 야생화가 있고 그중에서 관상觀賞적 가치가 있는 것은 600여 종 정도라고 한다. 종種에 따라 수많은 개체수가 있기 때문에 보고 즐길 수 있는 야생화자원은 헤아릴 수 없이 많다고 해도 될듯하다. 자연의 오묘한 섭리를 야생화에서만 볼 수 있는 것은 아니지만 각양각색으로 자연여건에 순응하거나 극복하는 방법은 만물의 영장이라는 사람이 보아도 놀라울 정도로 신기하고 흥미롭다. 식물들의 생식방법은 동물들보다 다양하고 더 신비롭다는 생각이 들 정도다.

야생화꽃보다 더 곱고 아름다운 재배된 원예종 꽃도 있다. 하지만 자연만이 빚어낼 수 있는 독특한 향기나 곱고 아름다운 색깔을 보고 느낄 수 있기 때문에 야생화를 더 좋아하는 것 같다. 양식장에서 기른 생선회와 청정해역에서 잡은 자연산 생선회는 맛이나 식감의 차이로 구별되는 것처럼 야생화와 재배된 원예종 꽃과는 보고 느끼는 감정이나 색감에서 차이를 느낄 수 있다.

시조시인 김원각은 '겸손'에서 '자기를 봐달라고 고개처든 꽃 앞에선 / 사람들은 그냥 서서 흘깃 보고 가지만 / 그 아래 / 숨은 야생화 / 허리 굽혀 바라보네.'라고 야생화의 겸손을 노래한다. 아주 작고 보잘것없어 보이지만 뚜렷한 개성과 차별화된 아름다움 때문에 겸손한 야생화를 찾아서 즐기는 것 같다.

꽃은 무겁고 우울한 사람의 마음을 즐겁고 가벼운 기분으로 바꾸어 주기도하고 생각이나 발상을 전환시켜 주기도 한다. 때론 사랑의 메시지가 되기도 하지만 치유治癒의 계기가 되기도 한다. 동서고금을 통하여 꽃을 주제로 한 예술이나 문학작품들이 헤아릴 수 없이 많은 것은 사람들이 꽃에 대한 사고思考의 동질성에서 원인을 찾을 수 있다는 생각을 한다. 태초부터 꽃은 인간의 삶과 매우 깊고 밀접한 관계가 있었기 때문일 것이다.

야생화를 취미로 즐기는데 돈도 많이 들지 않는다. 시간과 관심만 있으면 된다. 남녀노소 누구나 즐길 수 있고 걸을 수만 있으면 나이가 많아도 즐길 수 있다. 동행할 사람이 있으면 더욱 좋지만 혼자도 즐길 수 있어 편리하다. 그림이나 음악처럼 야생화도 아는 만큼 더 보이고 많이 느낄 수 있다. 찍다 보면 멋있는 사진작품이 덤으로 생기기도 한다. 야생화는 아파트 주변이나 공원, 산이나 들, 시냇가나 도로변 등 일상생활 주변에서 계절 따라 새로운 꽃들을 누구나 수시로 마주치며 살고 있기 때문에 관심만 있으면 '온 천지가 야생화다'라고 해도 될듯하다. 꽃이 눈에 띠면 꽃의 모양이나 특색을 관찰하는 호기심이 필요할 뿐이다. 취미로 즐길 정도의 야생화 관련 자료는 인터넷과 함께하면 거의 불편이 없을 정도다.

어려서부터 꽃을 좋아하는 편이기는 했지만 정년퇴직 후에 시골의 농장에 오고가며 야생화가 눈에 띠기 시작하였고 야생화에 점점 관심이 깊어지면서 나는 꽃을 좋아하는 남자가 되었다. 해가 갈수록 자연의 미소인 야생화에 푹 빠져서 시간에 틈만 나면 산이나 들에서 도서관에서 인터넷에서 서재에서 자연의 오묘한 섭리를 기웃거리는 것이 내 일상이 되면서 내 생활에 중요한 소재로 자리 잡았다.

한탄강

한탄강 절벽에 분홍장구채 꽃이 핀다는 소식에 동호인 몇 사람이 한탄강 승일교를 찾아갔다. 한탄강은 휴전선 이북의 강원도 평강군에서 발원하여 남서쪽으로 흐르다가 연천군 전곡에서 임진강과 합류하는 강이다. 한탄강은 국내에서는 유일하게 현무암 협곡으로 다양한 지질의 지층과 주상절리의 기암절벽을 곳곳에서 볼 수 있어 매력과 흥미가 넘치는 관광지로 알려져 있다. 특히 철원의 대교천 현무암 협곡이나 포천의 비둘기낭 폭포와 아우라지 베개용암은 천연기념물로 지정 될 정도로 특별하고 유명하다.

한탄강漢灘江은 클 한漢 자에 여울 탄灘 자로 큰 여울이라는 뜻이지만 한글로만 써 놓으면 한숨 쉬며 탄식한다는 한탄恨歎으로 오해하기 쉽다. 그래서일까 왕건에 쫓기던 궁예弓裔가 이곳에서 자신의 처지를 한탄했다고 해서 한탄강이란 이름이 생겼다고 하는 이야기와 6·25 전쟁 때 남쪽으로 피난을 가던 피난민들이 강을 건너지 못하고 한탄했다고 해서 생긴 이름이라고도 전해지고 있다.

한탄강의 승일교를 건너 강변 따라 상류로 가면서 언덕이나 바위 틈을 살피며 분홍장구채 꽃을 찾아보았지만 보이지 않는다. 엷은 보라색의 오리방풀 꽃이 여기저기 눈에 들어오기만 한다. 만나기 힘들다는 꽃창포도 만났지만 여름에 핀 꽃들이 모두 시들어 활짝 핀 꽃을 보지 못하여 매우 아쉽기만 했다. 잎사귀가 병아리발가락처럼 갈라져 있는 포천구절초는 꽃이 피지는 않았어도 새파란 꽃망울이 달린 줄기가 제법 자라서 꽃을 피울 준비를 다 하고 있었다. 포천구절초는 포천군에서 처음 발견되어서 얻은 이름이라고 한다.

강변에 커다란 바위가 넘어질 듯 강을 향해 비스듬히 서 있고 두텁게 이끼가 끼어 있어 습기가 많아 보이는 곳에 고란초가 다닥다닥 붙어 있다. 고란초는 잎사귀 하나와 뿌리만으로 구성되어 있다. 잎사귀 모양은 버드나무 잎사귀처럼 좁고 길다랗게 생기었는데 카누경기용 배 모양같기도 하다. 잎자루는 가늘고 길지만 철사처럼 강하며 세로 방향 잎맥과 연결되어 있다. 주 잎맥에 가지 잎맥들이 양옆으로 많이 있고 가지 잎맥들 사이사이에 포자 주머니가 하나씩 있다. 잎 뒷면에 있는 포자 주머니는 1년에 하나씩 생긴다고 하는데 20개가 넘는 것도 눈에 뜨인다.

어린 학생시절에 충남 부여에 있는 고란사를 구경하며 고란초를 처음 보았고 그때부터 고란초는 고란사에서만 자생하는 줄 알고 있었다. 하지만 근래에 야생화에 관심을 가지면서 고란초가 흔하지는 않아도 전국에 분포되어 있다는 것을 알게 되었다. 고란초는 커다란 바위 밑에 옹달샘이나 강가의 바위틈에서 자라는데 습기가 충분하고 공기의 소통이 잘되면서 햇빛은 직사광선보다는 반사광선 정도를 좋아 하는 식물인 것 같다.

분홍장구채꽃은 포천군 영북면에도 볼 수 있다고 하여

그곳으로 찾아가 만날 수 있었다. 분홍장구채는 석죽과의 여러해살이 풀인데 멸종위기 야생식물 2급으로 지정되어 있다고 한다. 햇빛이 드는 바위틈에서 자라고 줄기나 잎에 털이 있다. 끝이 뾰족한 달걀 모양의 잎이 마주나지만 잎자루가 없으며 가장자리가 밋밋하고 줄기의 끝 쪽으로 갈수록 잎이 작아진다. 꽃은 보랏빛 연분홍색으로 가지 끝에서 모여서 핀다. 꽃잎은 다섯 조각인데 끝이 깊게 패여 있다. 줄기는 마디가 뚜렷하고 잎과 줄기사이에서 가지가 나와 길게 자라기 때문에 줄기가 덩굴처럼 보인다.

철원군 갈말읍 내대리와 동송읍 장흥리를 연결하여 한탄강을 건너는 승일교라는 교량이 있다. 6·25 전쟁 전에는 이곳이 북한 땅이라 북한에서 이 교량공사를 1948년 8월에 착공하였다고 한다. 아치교Arch Bridge인 이 교량의 설계는 구주공전 출신이었고 당시 철원농업전문대학교 토목과 과장인 김명여교사가 설계했다고 한다. 6·25전쟁으로 공사가 중단되었고 전쟁이 휴전되면서 이곳이 남한 땅이 되었고 남한에서 나머지 교량공사를 완공하여 1958년 12월 3일 개통했다고 승일교 옆에 있는 안내문에 설명되어 있다.

승일교란 이름은 이 다리를 건설한 박승일朴承日 대령의 공적을 기리기 위해 붙인 이름이라는 자료도 있고, 이승만과 김일성 이름의 가운데 글자를 따서 붙인 이름이라고도 알려지고 있다. 1999년 8월 11일 승일교 옆에 새로 건설한 한탄대교가 개통되면서 승일교는 차량통행이 금지되었지만 2002년 5월 27일 등록문화재 제26호로 지정되었다고 한다. 이 승일교는 주변 경관과 잘 어울리는 독특한 아치교일 뿐만 아니라 분단의 아픔을 직접 몸에 담고 있는 교량이란 점에서 분단의 역사를 증거하는 중요한 유물이 될 것 같다는 생각이 든다.

야생화 탐사를 다니다 보면 지역의 특산물이나 유명한 관광지를 만나는 경우가 많아 재미있는 볼거리나 전해지는 이야기들이 많다. 이번 여행에서 만난 한탄강과 승일교는 흥미로움 보다는 유난히 가슴 아픈 생각들이 떠오른다.

한탄강의 이름이 큰 여울이라는 이미지보다는 한숨을 쉬며 탄식이 저절로 나는 한탄恨歎의 강이라는 생각이 든다. 6·25 사변 당시 철원의 어느 전투에서 4촌 형이 전사했다는 소식을 듣고 온집안이 슬픔에 잠겼던 기억도 생생하다. 6·25 전쟁 당시 한탄강이나 주변에 격전지가 많았던 지역이라 수없이 많은 군인들이나 민간인들이 총탄에 맞아 희생되기도 하고 부상으로 피를 흘렸을 것이다. 당시의 한탄강은 붉은 피로 물든 검붉은 강물이 흘렀을 것이다. 한스럽고 슬픈 역사의 강이었다는 생각에 옷깃을 여미게 한다. 아직도 전쟁이 끝나지 않은 한반도에 평화와 화합의 물줄기가 남북한에 넓게 퍼지는 큰 역할을 하는 여울이 되기를 간절히 기원해 본다.

승일교는 분단의 아픔을 직접 몸에 담고 있는 교량이란 점에서
분단의 역사를 증거하는 중요한 유물이다.

아파트 베란다로 찾아온 행복

4계절이 뚜렷한 우리나라는 야생화의 종류도 많고 품종이 다양하기도 하지만 계절별로 꽃의 색깔이나 향기가 독특한 야생화들을 즐길 수 있다. 어려서부터 꽃을 좋아하기는 했지만 정년퇴직하고 시골농장에 자주 오고가면서 야생화에 대한 관심이 점점 높아져간다. 시골 길을 지나다가 이름이라도 아는 꽃을 만나면 친한 친구를 만난 것처럼 반갑고 정겹기까지 하다. 하지만 처음 보는 꽃을 만나면 모르는 사람을 처음 만난 것처럼 이름이 무었이고 향기는 있는지 없는지 궁금해지는 등 호기심이 발동되어 발길을 멈추고 시간가는 줄 모르고 끼웃대다가 동행자들의 웃음거리가 되기도 하고 힐책을 받기도 한다.

우리나라 야생화들은 애기똥풀, 며느리밑씻개 등 해학諧謔적인 꽃 이름만으로도 아마추어들의 흥미를 돋우기에 충분하다. 애기똥풀은 전국 어디에서나 아주 흔하게 볼 수 있는 풀꽃 중의 하나지만 애기똥풀이라는 꽃 이름을 아는 사람은 그 꽃이 흔한 것처럼 많지는 않을 것 같다. 줄기나 잎자루를 자르면 나오는 노란유액이 갓난아기 똥 같다고 하여 아기똥풀이란 이름을 얻었다고 한다. 연둣빛 잎사귀나 줄기가 애기처럼 연약해 보이지만 샛노란 꽃을 봄부터 늦은 여름까지 피우는데 욕심이 많은 아이는 가을꽃들과도 어울려 피기도 할 정도로 오래도록 피고지기를 계속하는 꽃이기도 하다.

야생화 중에 재미있는 이름은 여름의 끝자락에 피는 며느리밑씻개 일 것이다. 낚시 바늘처럼 생긴 날카로운 가시가 잎자루나 줄기에 붙어있어 다른 나무에 붙어 살 수 있도록 되어 있는 덩굴풀이다. 꽃은 곱고 작아서 앙증맞지만 꽃잎이 두툼한 육질이라 꽃잎이 없는 것처럼 보인다. 물기가 많은 개울가나 묵은 논에서 자라는 고마리 꽃과 구별하기가 어려울 정도로 아주 비슷하다. 열매는 짙은 보라색으로 꽃보다 더 곱지만 익으면 검어진다.

시어머니가 볼일을 본 미운 며느리에게 밑씻개로 던져 주었다고 하여 붙여진 이름이라고 한다. 옛날의 고부갈등이 짐작되기도 하지만 요즘 같으면 아들과 며느리의 이혼사유가 될 듯도 하다.

금년에는 초여름부터 더위가 기승을 부리며 일교차가 크기 때문이었는지 보기 어렵다는 고구마 꽃을 우리 아파트 근처 텃밭에서 만나보기도 했다. 하지만 더욱 특별한 일은 우리 아파트 8층 베란다의 란蘭화분에서 야생화가 자생自生하여 꽃까지 피우고 열매도 맺는 작지만 특별한 경사가 일어났던 이야기를 하고 싶다.

우리 아파트 베란다에 20여 개가 넘는 크고 작은 화분에 동양란 등이 자라고 있다. 난 화분에서도 봄이 되면 잡초들의 새싹이 귀찮을 정도로 계속해서 자라난다. 조그만 난초화분과 관음죽이 자라고 있는 제법 큰 화분에서 새싹이 트는 낯선 떡잎이 어쩐지 남다르다는 생각에 뽑지 않고 한 달 정도 지켜보았다. 하나는 개양귀비Field poppy, 일명 꽃양귀비 이었고 또 하나는 범부채Leopard flower 이었는데 잎이 접는 부채를 펴 놓은 모양이고 꽃은 표범의 무늬를 닮았다하여 범부채라는 꽃 이름을 얻었다고 한다. 이런 흔하지 않은 꽃씨들이 언제 어떻게 8층 아파트 베란다에 있는 난초화분에 심겨졌는지 상상이 안 되고 신기하기만 하다.

조그만 난초화분에서 자생自生한 야생화의 꽃을 피운다는 것이 쉽지는 않겠지만 한번 피워보고 싶다는 욕심이 생긴다. 어려운 일을 내 몸과 마음으로 직접 해보아야 성취감이나 행복의 온도가 높아 질 수 있다는 생각이 들었기 때문이다.

스프레이로 물을 뿌려 습도조절도 해주고, 4~5일에 한번씩 물도 충분히 주고, 햇빛도 잘 받도록 화분도 옮겨주었다. 잎사귀와 줄기의 색깔이나 상태 등 생육과정을 꼼꼼히 살펴보며 갓난아기처럼 온갖 정성으로 관리를 했다. 한포기만 홀로 자라므로 쓰러지지 않게 굵은 철사로 버팀목도 해주었다. 뿌리내린 토양이 흙이 아닌 굵은 란석

蘭石이라 영양분도 부족할 것 같아 복합비료를 물에 녹여 뿌리 근처에 조심스럽게 뿌려주기도 했다.

어느 날 개양귀비 꽃대가 꽃봉오리를 매달고 나왔는데 자라면서 낚시 바늘처럼 끝이 구부러진다. 자라나는 환경이 알맞지 않아 꽃대가 시들어 구부러진 것으로 알고 깜짝 놀라 전화로 여기저기 문의해 보았더니 원래 그렇게 자라는 것이라고 한다. 며칠이 지나니 굽었던 꽃대가 똑바로 서면서 크고 부드러운 빨간 꽃잎이 동그랗게 열리며 탐스럽고 여성스런 꽃을 피워 올린다.

무더위에 행복을 배달해준 고맙고 귀한 꽃 손님이었다. 계속해서 새로운 가지가 생기고 꽃대가 올라와 한 달이 넘도록 매일 한두 송이씩 꽃을 피운다. 새 꽃이 필 때 마다 나와 아내를 즐겁고 행복하게 해주어 감사하고 또 감사했다.

새싹이 트고 3개월 정도 지난 범부채는 키가 60cm가 넘게 자랐는데 언제쯤 표범 몸의 점박이 무늬 같은 꽃이 필런지 학수고대鶴首苦待해보지만 새로운 잎만 계속 피어 올린다. 어느 날 잎사귀가 아닌 줄기를 살며시 내밀었다. 다음날 자세히 보니 줄기가 아니고 꽃대였다. 꽃대는 가지를 내고 가지에서 또 가지를 내면서 여러 개의 꽃대가 생겨난다.

꽃대 끝에 대추씨 모양의 꽃봉오리가 생기고 며칠 지나니 푸른 줄무늬가 있는 불그스레한 만삭滿朔의 임신부 같은 꽃봉오리로 자란다. 다음날 아침식사 중에 작지만 곱고 예쁜 주황색 꽃잎에 검붉은 점이 있는 표범무늬의 화사한 꽃이 피었다. 꽃은 6개의 긴 타원형 꽃잎과 세 개의 수술과 하나의 암술로 되어있다. 아내와 함께 환영과 환호의 박수를 치며 어린아이처럼 감사하며 즐거워했다.

범부채 꽃은 낮 동안만 피는 하루살이 꽃이지만 매일 두세 송이씩 한 달 이상 피었고 인터넷으로 친구들에게 구경도 시켰다. 벌도 나비도 없으니 부드러운 붓으로 인공수정을 해주었더니 파란 피망모양의 손톱만한 열매도 맺었다.

갓 핀 범부채 꽃을 바라보면서 '마른장마에 유난히도

무덥던 여름에 우리 집을 찾아와 내 삶에 새로운 활력과 행복을 심어주어 감사하다'고 혼자 중얼거리며 나는 행복에 겨워 빙그레 웃는다.

- 2014. 9. 24, 조선일보 'EASSY' 게재

잃어버린 옥잠난초

문화나 생활수준이 높아지면서 야생화에 관심도 점점 증가하는 것 같다. 꽃을 찾아 차로 몇 시간씩 가기도 하지만 집 주변의 산이나 들은 물론 하천제방이나 고수부지를 기웃거리며 야생화를 찾아 즐기는 사람들이 자주 눈에 띈다. 국내의 높은 산이나 외딴섬은 물론 백두산 등 해외까지 야생화를 탐방하는 사람들도 늘어나고 있다. 인터넷에 야생화 동호인들의 카페나 블로그도 많아지고 야생화를 즐기는 사람들이 많아지는 것은 국민정서나 삶의 질 향상에 기여 될 것 같다.

산자락 묘 마당에 가락지나물이 노란 꽃을 피우고 찔레꽃도 만발한 봄 끝자락에 꽃골을 기웃거리다가 윤기가 반짝거리는 진한 초록색의 커다란 잎사귀가 눈에 들어왔다. 포기마다 꽃봉오리 몇 개씩 매달린 굵은 꽃대를 밀어 올리고 있는 상태였다. 무슨 꽃인지는 모르지만 흥분과 기대 속에 대박이라도 터트린 기분으로 사진기에 이모저모를 담아왔다. 야생화를 사랑하는 사람들의 모임인 야사모www.wildplant.kr에 사진을 올렸더니 난초과의 옥잠난초라는 답이 나왔다.

우연히 만났지만 잎사귀를 보고 호기심이 발동하여 옥잠난초를 찾아냈다는 나름의 보람과 성취감도 느낄 수 있었다. 잎 모양이 간결하고 싱싱한 초록색이 마음에 들기도 했고 내가 찾은 두 번째 꽃이니 애정을 가지고 살펴봐야 하겠다는 생각과 함께 5~6년이 흘러갔다.

꽃골에는 야생화들이 많아 자주 가는 골짜기이지만 갈 때마다 옥잠난초가 잘 있나 살며시 드려다 본다. 오고가는 내 발자국의 흔적을 나뭇잎으로 덮기도 하고 옥잠난초의 주변을 풀잎이나 나뭇가지로 가려서 쉽게 보이지 않도록 위장도 했다. 혹시라도 누군가 캐 갈수도 있다는 생각 때문이다.

옥잠난초는 화려하지는 않아도 언제 보아도 강열한 생명력이나 젊음의 상징성을 느낄 수 있도록 싱싱하다. 꽃은 두툼한 육질의 연한 녹색이고 꽃모양은 배를 정박시키는 닻을 떠올리는 모양새이다. 커다란 잎은 끝이 뾰쪽하고 잎맥이 뚜렷하며 윤기가 반짝인다. 옥잠난초가 꽃이 곱고 귀한 꽃은 아니다. 하지만 봄의 끝자락에 싱싱하게 자라는 옥잠난초를 보고 있노라면 강열한 패기와 젊음을 느끼면서 젊은 날의 나를 뒤돌아보게 할 정도로 나름의 사색思索의 시공時空을 같이하는 시간이 많았다.

온 나라가 19대 대통령 선거전으로 뜨겁게 달구어지고 있지만 오고가는 사람이 거의 없어 바깥세상을 모르는 듯 꽃골은 상쾌하고 한적하기만 하다. 보라색 꽃잎에 하얀 무늬가 있는 각시붓꽃이 피어 자태를 뽐내기도 한다. 말라가는 옹달샘처럼 물이 흐르는 듯 마는듯한 개울가에는 참꽃마리가 앙증맞은 꽃을 피우기도 한다.

옥잠난초도 푸른 잎사귀 두 개가 올라와 싱싱하고 튼튼하게 자라고 있었다. 며칠 후 다시가보니 옥잠난초는 싱싱한 잎사귀 사이에 제법 굵직한 꽃줄기가 꽃봉오리 4~5

개를 달고 하늘을 향해 곧게 올라오고 있는 모습이다. 봄 가뭄이 심하여 걱정을 했지만 금년에도 내가 좋아하는 옥잠난초꽃을 만날 수 있겠다는 생각을 하며 산을 내려왔다.

일주일 정도 지난 후 카메라를 가지고 꽃골을 찾았다. 옥잠난초가 연한 녹색 꽃을 활짝 피웠을 것 같아 개화기념 사진을 찍어야겠다고 생각했기 때문이다. 초여름에 비까지 자주 내리면서 산골의 나무나 풀들이 무성하게 자라서 옥잠난초가 자라는 위치가 헷갈릴 정도였다. 여기저기를 끼웃끼웃 해보아도 옥잠난초가 보이지 않는다. 무성한 잡초를 제쳐보고 위장했던 나뭇가지도 치워보지만 역시 보이지 않는다. 마음이 조급해지고 불길한 생각이 스쳐간다.

바람에 넘어진 커다란 소나무가 벤치처럼 나에게 쉴 자리를 마련해 주던 곳이라 위치는 정확하였다. 몇 번을 두리번거리고 뒤적여 보아도 옥잠난초는 보이지 않는다. 팔다리에 힘이 빠지며 정말 누군가 캐간 것인가 하는 생각만 든다. 엊그제 강한 소나기가 내려서 인지 캐간 흔적도 안 보인다. 한참을 허덕이며 옥잠난초를 찾다가 썩은 소나무 벤치에 앉아 흥분을 삭인다. 그 동안 몇 년 간을 우린 서로 사랑하고 좋아한다는 텔레파시가 수없이 오고 갔었지만 지켜주지는 못했구나 하는 미안한 생각이 든다. 크고 귀한 것을 잃어버린 것처럼 허탈하다. 무거운 발걸음으로 산을 내려오면서 아쉬워 뒤를 돌아보기도 한다. 장례식을 끝낸 친구를 묘지에 매장하고 산을 내려올 때의 마음처럼 무겁고 안타깝기만 했다.

쉽게 만날 수도 없고 귀한 가치가 있는 물건이 보물이다. 평범한 자연 속에서 희귀한 꽃이나 나무도 보물이 될 수 있다. 사람들이 보물을 보면 본능적으로 소유하고 싶어 하는 것처럼 희귀한 식물이나 꽃을 보면 캐가고 싶은 욕심이 생길 수 있다. 하지만 욕심을 억제하지 못하고 야생화를 집에다 옮겨 심으면 대부분 오래 살지 못한다. 어쩌다 죽지는 않았다 해도 꽃을 피우기는 거의 불가능하기 때문에 멸종을 부추길 뿐이다. 하지만 놔두고 보기만 하면 다음해에도 꽃이 피고 열매를 맺어 번식할 수 있기 때문에 본인은 물론 모두가 함께 오래도록 보고 즐길 수 있다. 캐오면 소유욕所有慾은 잠시 이루겠지만 오래 살지 못하고 죽으면 후회와 죄책감만 남을 것이다.

야생화를 진정 사랑한다면 처음부터 캐가고 싶은 충동을 억제하고 마음을 비워야 한다. 그게 꽃을 좋아하고 아끼는 마음이고 내년에도 그 꽃을 다시 볼 수 있기 때문이다. 보기만 하고 돌아오면 자연보호나 멸종위기극복에 기여했다는 보람과 자부심을 느낄 수 있지만 야생화를 캐오면 실망과 가책만 남을 것이다.

화악산은 산이 아니라 꽃밭

초등학생 소풍가는 날처럼 밤잠을 설치다가 휴대폰 알람소리에 겨우 깨어 카메라점검 등 산행준비에 분주하다. 아침잠이 많은 아내도 전날부터 김밥 재료를 준비하고 이른 새벽에 김밥을 마느라 손놀림이 바쁘다. 늘그막에 몸도 불편한 아내에게 미안하고 안쓰럽기까지 하다. 그래도 아내는 나를 위해 오랜만에 김밥을 마는 것이 무척 행복하고 흐뭇하단다. 야생화를 좋아하는 사람들과 함께 꽃이 많다는 경기도 가평군의 화악산에 꽃 구경 가는 날 아침 이야기다.

화악산은 경기도에서 제일 높은 산이고 경기도 가평군과 강원도 화천군의 경계에 있고 위도緯度상으로 한반도의 정중앙이라고 한다. 가평에서 화악터널을 지나 강원도 쪽 터널 출구에서 임도를 따라 산을 오르기 시작했다. 다행이 산에 오르는 등산로 입구에서는 안개가 사라지고 파란하늘의 화창한 초가을 날씨가 되어 꽃 탐사에 아주 좋은 날씨가 되었다.

처음 눈에 뜨인 꽃은 자줏빛 붉은색 물봉선 꽃이었지만 산으로 오르는 길옆에 야생화가 널려 있다. 잎이 껄끄러운 까실쑥부쟁이, 옷이나 모자에 다는 방울장식 모양의 진분홍 꽃을 피우는 고려엉겅퀴 곤드래, 꽃이 배의 닻처럼 생긴 닻꽃, 주황색의 동자꽃 등을 만나며 오르다 보니 콘크리트포장도로가 나온다. 비포장도로와 포장도로가 만나는 지점에 헬기장 같은 광장이 있다. 광장에는 꿩의 비름, 마타리, 집신나물, 쇠서나물, 뚝갈 등 수 많은 야생화가 잡초와 함께 어울려 있다. 잡초가 많아 헬기장 이라기보다는 관리가 잘 안된 꽃밭 같은 느낌이다.

늘씬한 패션모델처럼 키가 훤칠한 마타리는 금싸라기같이 반짝이는 노란 꽃들이 모여피어 있는 꽃송이가 강한 햇빛에 눈이 부시다. 마타리는 아주 흔한 꽃은 아니지만 우리나라 전역에서 자생하는 늦여름 꽃이다. 마타리와 서식지가 같고 꽃모양이나 잎과 뿌리도 비슷한 뚝갈이라는 꽃도 있다. 꽃이 하얀색이고 열매에 날개가 달린 것이 마타리와 다르다. 마타리는 뚝갈에 비해 부드럽고 유연하여 여성에 비유되고 뚝갈은 잎이나 줄기가 억세고 거친 털이 있어 남성에 비유하기도 한다. 마타리와 뚝갈은 독특한 냄새를 풍기는데 특히 뿌리에서 나는 된장 썩는 냄새 때문에 패장敗醬이란 이름으로 한약재로 사용된다고 한다.

흙도 물기도 없어 보이는 큰 바위에 이끼처럼 붙어사는 다육식물인 바위채송화와 난쟁이바위솔 꽃 앞에서 사진을 찍을 사람들이 줄을 서서 기다린다. 바위채송화는 학교나 집 화단에서 흔하게 보는 채송화와 줄기와 잎이 비슷하지만 꽃은 끝이 뾰족한 다섯 개의 노란 꽃잎이 반짝이는 별처럼 보인다. 하얀 꽃잎 가운데가 분홍색인 난쟁이바위솔 꽃은 아주작고 앙증맞지만 이파리는 채송화처럼 다육질이고 크기가 채송화보다는 작다.

습기를 좋아하는 물봉선들이 산 정상으로 오르는 도로 옆 작은 배수로주변에 홍자색의 가야물봉선, 흰물봉선, 노랑물봉선 꽃들이 무더기 무더기로 무리지어 도로 따라 알록달록 아름답게 이어지고 있다. 물봉선꽃은 길게 뻗은 꽃자루에 풍선처럼 매달려 있는 모양새인데 꽃 색깔과 관계없이 꽃주머니 안쪽에 자주색 반점이 있는 것이 독특해 보인다.

화악산에서 꽃 중의 꽃은 금강초롱꽃이다. 길 다란 꽃줄기에 차례대로 매달린 꽃들은 길이가 4cm 정도이고 지름이 2cm 쯤 되어 보이는 둥근 원통형 꽃이다. 항아리를 엎어 놓은 것 같은 모양인데 아래 끝 부분에서 다섯 갈래로 갈라지고 땅을 향해 피는 꽃이다. 표면이 매끄럽지는 않아도 윤기가 나는 자줏빛 진한 보라색인데 꽃 색깔이 위쪽은 진하고 아래쪽으로 가면서 점점 색이 엷어진다. 금강초롱 꽃의 윤기와 색상은 화려함보다는 고려자기처럼 고귀함을 느끼게 하는 꽃이다.

길다란 줄기에 땅을 향해 매달려 있는 꽃모양은 어둠을 밝혀주는 천사의 등불처럼 신비로움을 느껴지기까지 한다. 일반 초롱꽃과 모양은 비슷하지만 꽃밥이 붙어 있고 잎에 털이 없으며 꽃에 윤기가 있는 것이 다르다. 한국특산식물이며 보호종으로 지정 되어있는 금강초롱꽃은 금강산에서 처음 발견되어 얻은 이름이고 중북부 이북의 높은 고산지대의 반그늘 또는 양지쪽의 바위틈이나 계곡에서 자라는 다년생 식물이다.

부모도 없는 오누이가 금강산에서 살았는데 석공石工인 오빠가 일을 나갔다가 해가져도 돌아오지 않는다. 기다리던 동생은 깊은 산속에 들어가 오빠를 찾아다니다 캄캄한 밤이 되면서 무섭기도 하고 오빠 생각에 눈물을 흘리며 어둠속을 헤맨다. 소녀의 눈물이 떨어진 자리에 초롱처럼 생긴 꽃이 피고 꽃에서 불빛을 비추어 길을 밝혀준다.

불빛을 따라간 소녀는 오빠를 찾기는 했지만 의식이 없었는데 갑자기 들고 있던 초롱꽃이 바람에 흔들리며 향기를 풍기더니 오빠가 눈을 뜨고 일어나 집으로 함께 돌아 왔다고 한다. 그 후 오누이는 금강산에 구경 오는 사람들이 길을 잃었거나 힘들 때 이 꽃의 도움을 받도록 금강산 곳곳에 초롱꽃을 심었다는 이야기가 전해져오고 있는 전설의 꽃이기도 하다.

옛날 군인들이 전쟁 때 머리에 쓰던 투구와 모양이 비슷한 투구꽃도 피기 시작한다. 반짝반짝 윤기 나는 꽃봉오리는 많이 보였지만 흰색바탕에 남색 꽃이 핀 개체는 하나밖에 만나지 못했다. 흔하지 않은 꽃이지만 화악산에서는 흔하게 볼 수 있는 큰세잎쥐손이풀도 있다. 잎이 세 갈래로 크게 갈라졌는데 가운데 잎이 더 큰 것이 특징이고 잎의 가장자리는 무딘 톱니 모양이다. 꽃은 분홍색 꽃잎에 핏줄 같은 붉은 무늬가 선명한 것이 독특하기도 하고 꽃을 더 돋보이게 한다. 큰세잎쥐손이풀 꽃은 고귀함보다는 순박하고 깨끗해 보여서 정감이 가는 꽃이다.

키가 1.5m는 되어 보이는 수리취, 엉겅퀴와 비슷한 꽃을 피우는 은분취, 꽃에 비해 잎사귀가 큰 단풍취, 맛 좋기로 유명하여 식재료로 많이 쓰이는 참취와 곰취 등의 여러 가지 취 꽃들이 구절초나 쑥부쟁이와 함께 가을을 준비하고 있다.

화악산은 해발 1,468m나 되는 높고 큰 산이지만 땅이 기름지고 토양배수도 잘되는 땅이라 다양한 종류들의 야생화와 식물들이 많아서 산이라기보다는 꽃밭이라는 생각이 들 정도로 아름답고 흥미로운 산이다.

- 2016년 8월 31일, 중도일보 게재

작지만 큰 나라 싱가포르

서울시 면적보다 조금 넓고 인구는 서울시의 절반 정도인 싱가포르는 여러 인종人種과 다양한 문화가 공존하며 영어 등 4개 국어를 공용어로 인정하는 조그만 섬나라다. 아들의 집도 가보면서 열대지방의 야생화도 만나보려고 싱가포르 여행을 했다.

싱가포르의 한 가운데쯤에 자리 잡은 '부킷 티마 자연보호구역'은 싱가포르에서 제일 높다는 177m의 원시림 상태의 산이 있고 바위절벽과 원시적 열대우림으로 둘러싸인 아름다운 호수가 있기도 하지만 수백 종의 동·식물들이 자연 그대로 서식하는 열대우림이라 많은 사람들이 찾는 관광명소이기도 하다. 하지만 우리나라의 유명산이나 관광지와는 다르게 주차장을 제외한 식당이나 놀이시설 등 편의시설이 없는 것은 자연보호를 우선하기 때문이라는 생각이 들면서 우리가 배워야 할 부분이라는 생각을 했다.

'핸히드자연공원'에서 하늘 높이 자란 나무 꼭대기에 새빨간 꽃이 까마득히 보인다. 주변의 푸른 잎사귀들 때문에 꽃은 눈에 띠었지만 꽃 모양이나 크기는 판별할 수 없을 정도로 높은 나무다. 꽃나무 밑에 떨어진 꽃들은 진한 주황색인데 어린아이 주먹만큼 크고 채워진 초승달처럼 생겼다.

떨어진 꽃을 카메라에 담고 있는데 누군가 지나간다. 꽃 이름을 물어 보았더니 아프리칸튤립트리 라고 한다. 서툰 영어로 튤립은 풀 종류의 꽃 아니냐? 하고 되 물었다. 튤립은 풀 종류이지만 이 나무도 아프리칸튤립트리 라고 한다며 어느 나라에서 왔는지 묻는다. 한국에서 왔다고 했더니 자기 휴대폰에 한글로 '아프리칸튤립트리'라고 써서 보여준다. 나는 한글을 보고 깜짝 놀라며 감사를 표시했다. 그는 빙그레 웃으며 가던 길을 간다. 한글을 어떻게 배웠는지 물어 보려고 머릿속에 영어단어들을 모으는 사이 그 사람은 나무 사이로 사라져 간다. 쑥스럽고 아쉬웠지만 영어공부를 제대로 안한 것을 또 후회했다. 그 사람이 휴대폰에 한글을 직접 입력했는지 번역하는 앱을 이용했는지는 모르지만 내가 한국인이라는 것을 알고 한글로 친절하게 알려 주었다는 생각이 들면서 고맙기도 했지만 한국의 위상을 느낄 수 있어 가슴이 뿌듯하기도 했다.

산을 내려오는 등산로 주변의 나무들 사이로 햇빛이 드는 숲속에 문주란 몇 포기가 가늘고 긴 하얀 꽃잎들을 흔들어 나를 반겨준다. 문주란은 잎 모양 등 외형은 군자란과 아주 비슷하지만 꽃이 군자란은 깔때기 모양의 붉은 꽃이지만 문주란은 칼국수처럼 가늘고 긴 꽃잎이 여러 개로 되어 있다.

한국에서는 제주도 구좌읍 토끼섬에서 자생하고 있으며 천연기념물로 지정된 야생화이다. 등산로를 따라 올라가다 낯 익은 나팔꽃을 만났는데 덩굴로 이 나무 저 나무를 건너다니며 엷은 하늘색 꽃을 피우고 있었다. 이름을 아는 야생화를 만나니 외국에서 잘 아는 사람을 만난 것처럼 반갑기는 했지만 기대한 것처럼 야생화가 많아 보이지 않아 아쉬움도 있었다.

싱가포르 도심 한복판에 있는 유네스코 세계문화유산 보호지역으로 지정된 보타닉 공원Botanic Gardens을 찾았다. 이 공원은 영국인들이 설계하여 조성한 세계적 수준의 식물원이지만 연구와 보존은 물론 휴식이나 교육의 장소이기도하다. 각양각색의 나무나 풀 종류의 꽃들은 물론 중요한 보호수도 만날 수 있었다. 열대림, 양치류, 장미류, 난초류들이 아름답게 배치되어 있는 정원과 커다란 호수와 산책로가 잘 정비되어 있었다.

이곳을 찾는 사람들에게 가장 인기 있는 장소는 공원의 한 가운데에 있는 국립난초정원이다. 2,000여 종의 난초들이 6만 포기가 있다고 한다. 희귀하고 세계적으로 유명한 난초도 있다고 하지만 곱고 아름다운 난초들이 수없이 많고 꽃모양이나 색깔들이 독특하고 다양하여 찾아보기는 쉽지 않았다.

우리나라 건설회사에서 지었다는 싱가포르의 랜드마크인 '마리나 베이 샌즈 호텔'이 있고 관광 명소이기도 한 '마리나 베이'는 야경이 아름답고 황홀하여 밤낮으로 관광객이 많은 곳이다. 이 호텔 근처에 있는 Gardens by the Bay라는 공원에는 세계적 규모의 야외 꽃 공원과 Flower Dome이라는 실내 꽃 공원도 있어서 세계 각국의 꽃들을 원 없이 볼 수 있었다.

특별히 눈에 띄는 것은 가지각색의 수많은 늙은 호박들을 전시 해 놓은 모습은 수없이 많은 아름다운 꽃들을 본 것보다 더 오래도록 기억에 남을 정도로 인상적이었다.

시내의 도로변이나 공원에서는 다양한 꽃들을 만날 수 있었지만 자연 상태로 자생하는 야생 꽃들은 신경초를 비롯한 몇 종류가 보이기는 했지만 우리나라 봄이나 여름처럼 야생화가 다양하지는 않았다.

싱가포르는 국토 면적은 세계 192위인 작은 나라이지만 1인당 GDP세계 11위가 5만 달러가 넘는 경제 강국이다. 도로 항만 공항 등 사회기반시설들의 규모가 여유롭게 느껴지고 초고층빌딩으로 도시공간도 확보되어 있다.

넓고 큰 자연공원과 여기저기에 잘 가꾸어진 공원들을 보면서 작은 도시국가라는 선입관이 국토의 평면과 공간이 잘 조화되어 있고 생동감 넘치는 작지만 큰 나라라는 생각으로 바뀌었다.

- 2017년 12월 13일, 중도일보 게재

농업용 저수지의 잠재가치

많은 국민들이 가난과 배고픔에 시달리던 우리나라는 1960년대부터 경제개발계획과 식량증산정책을 추진하여 주식主食인 쌀의 자급목표를 달성하였고 무역규모 세계 8위라는 경제대국으로 국민소득 3만 달러시대를 열고 있지만 농가소득은 도시근로자의 60% 전후 수준이다. 농업이 피폐한 선진국이 없는 것을 감안하면 선진국 진입을 위한 국가균형발전의 중요성을 일깨운다.

국민들의 소득이나 생활수준이 높아지면서 댐, 도로, 수리시설이나 농경지 등의 국가기간시설들을 소재로 체험이나 관광 등 다양한 사업을 개발하여 지역경제 활성화는 물론 국민들의 삶의 질 향상에 크게 기여되고 있다.

농산물의 생산만으로는 농업이 부富를 창출하는데 한계가 있으므로 농어촌의 새로운 소득원으로 농업용저수지에 잠재되어 있는 유무형의 가치에 주목할 필요가 있다.

전국에 분포되어 있는 17,000여 개소의 크고 작은 농업용저수지는 축조된 지 60년 이상 오래된 저수지가 9천여 개소나 된다. 이들 농업용저수지가 모두 그런 것은 아니지만 도로교통여건도 개선되었고, 저수지 주변에 새로운 생태계가 형성되기도 하고, 다양한 지역특산물도 많아졌고, 경관이 수려해진 것은 물론 저수지 주변에 유무형의 경제적 문화적 가치가 잠재되어 있지만 농업용수공급이라는 단순기능 외의 다른 산업자원으로 평가되거나 개발되지 못하고 있는 것이 현실이다.

오랜 역사가 있고 풍광이 좋은 농업용 저수지는 그 자체가 자원이다. 대부분 넓고 깨끗한 수면과 맑은 물, 야생 동·식물이 있는 우거진 숲, 기암절벽의 높고 낮은 산과 깊은 계곡 등이 있는 청정호수이기 때문에 각종 공해와 각박한 도시생활에 찌든 도시인의 휴식공간으로 다양한 가치가 창출될 수 있다. 각종 오염에 시달리는 큰 하천이나 대형 댐의 호수와는 분위기 자체에 차이가 있다. 저수지 주변에 유적이나 사적지, 산사, 명승지 등과 연계하여 관광자원으로 개발도 가능하다. 벼가 무르익는 가을의 황금벌판 등 계절에 따라 논과 밭의 영농현장을 관찰하고 농사를 체험할 수 있는 등 다양한 프로그램을 개발할 수도 있다.

국민들의 먹거리 소비패턴도 다양하고 고급화되고 있다. 주 5일 근무 등으로 국·내외의 관광 휴식 등 여가餘暇 공간의 수요는 물론 여행인구도 크게 증가되고 있다. 각급 학생들이나 가족단위의 다양한 체험문화도 활성화되고 있기 때문에 도시인들의 눈높이에 알맞은 휴식이나 체험공간의 개발은 쾌적하고 한가한 농어촌에서 가능하고 경쟁력도 있다. 저수지 고수부지나 주변의 유휴농지 등을 주말농장, 체육시설, 농산물가공 및 유통시설 등의 부지로 활용도 가능하다.

전국 각 지역에 분포되어 있는 많은 농업용저수지 중에

서 대도시와 접근성, 저수지 주변경관, 교통여건, 주변에 잠재된 자원의 특성에 따라 농촌을 쉬는 장소, 즐기는 장소, 볼거리가 있는 장소, 배우는 장소 등 도·농교류형 복합공간으로 조성하면 도시인은 경제적이고 편리한 여가 공간을 확보할 수 있고 농촌은 소득이 높아질 수 있어 상호교류가 활성화되어 농촌지역 경제발전과 함께 국가균형발전에 크게 기여될 것이다.

- 2014년 8월 19일, 조선일보 게재

백마강

백제의 마지막 도읍지 백마강을 둘러보니
산천은 옛 모습 그대로이지만
비단 같은 맑은 강물 보이지 안네.

하얀 백사장엔 잡초만 무성하고
반짝이던 미루나무 물그림자 어디에 숨었는지
누르스름한 호숫물만 힘없이 출렁인다.

천년 넘은 백제의 흔적 지금도 뚜렷한데
유유히 흐르던 백마강물은
반세기 만에 멈추는 듯 사라졌구나.

2017년 9월

칡덩굴이 걱정된다

칡은 뿌리와 줄기 그리고 잎과 꽃으로 구성되어있는 여러해살이 덩굴성 식물이다. 칡은 땅바닥을 기어가듯 사방으로 뻗어 나가며 자라기도 하지만 크고 작은 나뭇가지들을 휘어 감고 올라가 나무 위에서 자라기도 한다. 땅바닥에서 자라는 칡덩굴은 마디마다 뿌리를 내리고 새 줄기로 번식한다. 나무 위에서 자라는 칡덩굴은 나무줄기나 가지를 우측에서 좌측(나사못이 풀리는 방향)으로 배배 감아 가면서 자라기 때문에 바람에도 흔들리지 않고 계속 자라면서 새 덩굴도 생기고 꽃도 피우고 열매도 맺는다.

칡뿌리는 해가 묵을수록 길이가 길어지고 굵어지는데 오래된 뿌리는 어른 장딴지만큼 굵기도 하지만 표면이 매끄럽지 않고 잘 발달한 남자의 팔다리 근육처럼 울퉁불퉁하게 생겼다. 칡뿌리는 토양조건에 따라 다르기는 하지만 해가 묵을수록 길이보다는 굵기가 더 커진다. 뿌리는 섬유질과 과육처럼 아삭아삭한 녹말 덩어리로 되어있는데 적당한 수분이 있고 부드러운 토양에서 자란 칡뿌리는 녹말이 많아 더 부드럽고 달고 맛이 좋다.

칡덩굴은 1년에 10~20m 정도까지도 자라는데 10~30cm마다 마디가 있고 마디에서 5~15cm 정도의 잎자루가 나오고 잎자루 끝부분에 손바닥만큼 커다란 잎사귀 세 개가 달리는데 두 개는 마주나고 잎자루 끝부분에 하나가 매달리는 삼출엽三出葉이다.

칡꽃은 줄기 마디에 달인 잎자루와 줄기 사이에서 10~25cm 정도의 꽃줄기가 자라고 꽃줄기 아래에서 위로 올라가면서 여름내 꽃을 피우는 총상꽃차례다.

칡꽃은 자줏빛의 붉은색 꽃잎 5개가 피는데 방긋 웃는 여인의 입술이 연상되기도 하는데 짙은 향기를 풍기며 꽃을 피운다. 꽃이 시들면서 콩 꼬투리처럼 생긴 열매가 꽃자루 아래에서 맺기 시작하여 위로 올라가면서 많은 꼬투리가 생기고 가을이 되면 꼬투리 안의 씨가 여문다.

풀이 무성한 풀밭에서 자라던 칡덩굴이 의지할 나뭇가지를 찾으려고 공중으로 비스듬히 뻗어 올라가기도 한다. 공중으로 올라간 덩굴의 길이가 1.5m 정도는 되어 보이는데 살랑살랑 부는 바람에 흔들거리는 칡덩굴의 모습이 먹이를 발견한 뱀이 머리를 번쩍 들고 먹이를 쫓아가는 것처럼 보일 정도로 강한 생명력을 느낄 수 있었다. 칡은 식물이지만 바람을 이용하여 자기 영역을 넓혀가는 지혜가 있는 식물임이 확인되기도 한다.

여름철에 나무에서 자라던 칡덩굴이 나뭇가지의 끝부분에서는 올라갈 나뭇가지가 없어도 칡 줄기는 계속 자란다. 공중에 기다랗게 늘어진 칡덩굴이 바람에 흔들흔들하다가 옆에 있는 나뭇가지에 걸리면 그 나뭇가지에 매달려 새로운 영역을 확보해 나간다. 하지만 주변에 건너갈 나무가 없으면 자신의 줄기나 자기가 감고 올라온 나무를 다시 돌면서 계속 자란다. 칡덩굴이 타고 올라온 나무는 넓은 칡 잎사귀 때문에 햇빛을 볼 수 없어 고사枯死되기도 한다.

60년대까지만 해도 이른 봄 허기진 배의 허리띠를 졸라매고 보릿고개를 넘을 때 전분澱粉 등 다양한 영양분이 함유된 칡뿌리가 굶주린 배를 채우는 구황식품救荒食이기도 했다. 해열 등의 효과가 있어 한약재로 많이 쓰였고 자양강장제나 갈근차의 원료로도 사용되었다. 칡뿌리에는 녹말이 많아서 국수 등 다양한 기호식품을 만들어 먹기도 하였다. 목질로 된 칡 줄기를 감싸고 있는 껍질은 청올치라고 했는데 부드럽고 질긴 양질의 섬유질로 되어있어 각종 로프(Rope)나 갈포지의 제조 원료로 많이 쓰이기도 했다

칡은 오랜 세월 인간 생활에 식품이나 약재로 다양하고 유용하게 사용되어왔다. 하지만 근래에는 칡뿌리를 캐는 사람이 거의 없어지기도 했고, 오히려 야산의 사방공사나 하천제방의 경사면 흙의 유실을 방지하기 위하여 칡을 많이 심었기 때문인지 요즘에는 생활 주변에서 칡덩굴의

폐해弊害를 자주 볼 수 있는 식물이 되었다. 특히 도시 주변의 농경지는 물론 시골의 산자락이나 골짜기에 농사를 짓지 않는 묵은 농경지가 혐오스러운 칡밭으로 바뀌기도 했다. 농사를 짓고 있는 논이나 밭에도 칡덩굴이 번성하여 농사에 큰 피해를 주기도 한다. 야산의 묘지들도 칡덩굴로 뒤덮여 묘지를 찾기가 힘든 곳도 많이 보인다. 공원이나 산자락 도로변의 가로수가 칡덩굴에 휩싸여 고사枯死 되거나 제대로 자라지 못하고 있는 곳을 자주 볼 수 있다.

칡덩굴이 무서울 정도로 왕성하다는 어느 농민의 글을 읽어 볼 정도로 칡덩굴의 피해가 심각해지고 있다. 칡덩굴이 한번 자리를 잡으면 번식력이 강하기도 하지만 뿌리가 깊고 광범위한 면적에 뿌리를 내리고 있어 제거가 쉽지 않다. 칡은 친환경 식물이 아니라는 생각으로 대책 수립이 필요해 보인다.

포천구절초(강원도, 한탄강)

둥근잎나팔꽃(충남, 부여)

가을 _ 꽃 가족

야생화를 진정 사랑한다면 처음부터 캐가고 싶은
충동을 억제하고 마음을 비워야 한다.

해국(충남 보령)

큰세잎쥐손이풀꽃(경기, 화악산)

이고들빼기꽃(경기, 광교산)

감국(경기, 대부도)

붉노랑상사화(충남, 옥가실)

참취꽃(경기, 남한산성)
용담꽃(경남, 황매산)
며느리밥풀꽃(경기, 광교산)
물매화(경남, 황매산)
까실쑥부쟁이
(경기, 광교산)

물봉선(경기, 광교산)

꽃은 필요한 조건만 맞추어 주면 반드시 꽃을 피우고 열매를 맺기 때문에
인간보다 믿음이 가고 정직하다.

꽃 가족

우리 아파트 베란다에는 20개가 넘는 크고 작은 화분에서 꽃들이 산다. 모두 다 사랑하고 정을 주고받는 자식들처럼 아끼고 보살피며 같이 사는 베란다 꽃 가족들이다. 값이 비싸고 희귀한 것보다는 주변에서 쉽게 만날 수 있는 평범한 화초들이지만 나에게는 귀하디 귀한 꽃 자식들이다. 고향이 전라도도 있고 경상도와 충청도도 있다. 어떤 아이는 고향이 어디인지도 모르지만 이름은 분명한 아이도 있고 이름은 모르지만 고향을 확실하게 알고 있는 아이도 있다. 자식처럼 사랑하고 아끼지만 꽃들도 때가 되면 잎을 피우고 꽃을 피워 나를 즐겁게 해주는 효자들이다.

해마다 설날 전후에 꽃을 피우는 보세난報歲蘭이나 가을에 개화하는 철골소심 등 동양란 화분도 10여 개가 있다. 남해안 여행 중에 경남 통영에서 분양 받아온 소엽풍란도 우리 베란다에서 20년이 다 되어 간다. 잎이나 꽃이 소엽보다 조금 큰 소엽계통의 난초이지만 하늘나라로 먼저 떠난 친구 박성하가 보내준 화분인데 물을 줄때마다 보내준 친구를 생각나게 하는 감명 깊은 꽃자식도 있다.

시골집 마당가에서 자라던 해국海菊과 연보라색 꽃을 피우는 빈카마이너도 베란다로 나누어 옮겨온 지 10년이 넘었다. 생일이나 집안에 행사가 있을 때 가져오는 축하화분에 액세서리로 따라온 바이칼라나 오로라 등을 다른 화분에 다시 심어서 기른 것이 20년도 넘는 베란다 꽃 가족 들이다. 초여름에 짙은 향기와 함께 하얀 꽃을 피우는 석곡石斛도 빼놓을 수 없다. 전남 해남 땅끝마을에서 1년생 묘목을 분양해온 동백꽃나무는 40년이 넘게 나와 동거하는 베란다 꽃 가족으로 주민번호 1번이다. 우리 베란다 꽃동네 소문을 어떻게 알고 스스로 찾아온 범부채도 해마다 때가 되면 꽃을 피워주어 베란다 꽃 가족으로 등

록을 했다.

통영에서 분양해온 소엽풍란은 엉성하게 속이 비어 있는 돌에 이끼와 함께 세 촉을 붙여 놓았더니 지금은 일곱 촉으로 형제들이 늘었다. 가느다란 꽃대가 나와 2~3cm 자라면 3~4개의 꽃자루로 갈라지면서 꽃봉오리를 하나씩 매달고 나와 꽃을 피운다. 작고 하얀 꽃을 피우는데 꽃은 작지만 독특한 난꽃 향기를 끝없이 품어내어 온 집안을 난향으로 꽉 채운다. 조그만 꽃인데 그 많은 향기가 어데서 나오는지 궁금할 정도다. 해마다 피는 꽃이지만 항상 대견하고 신비로움을 느끼며 감사할 뿐이다.

2014년 이른 봄이었다. 난 화분에 자라나는 잡초를 뽑아주고 있는데 새로 나온 어린 떡잎이 어쩐지 잡초처럼 느껴지지 않아서 뽑지 않고 지켜보기로 했다. 며칠 후 다른 화분에서 또 다른 떡잎이 보여 역시 뽑지 않고 놔두었다. 하나는 난석콩알처럼 작고 가벼운 돌조각만으로 채워진 동양란 화분이고, 하나는 보통 흙에 관음죽이 심어져 있는 플라스틱 화분이었다. 한 달쯤 지나니 이파리가 자기 모양을 갖추었다. 하나는 주방의 칼처럼 생긴 잎사귀가 여러 개로 자라면서 부채처럼 펴지는 범부채로 확인되었고, 다른 하나는 줄기가 곧게 서며 잎이 깃털처럼 갈라지는 모습이 개양귀비이었다.

쉽지는 않겠지만 길러서 꽃을 피워보고 싶은 욕심이 생긴다. 물주기도 하고 조심스럽게 영양보충도 해주고 햇빛도 잘 받도록 화분도 옮겨 놓는 등 온 정성을 다해 길렀다. 양귀비가 꽃봉오리를 낚시 바늘처럼 매달고 꽃대가 자라더니 어느 날 꼬부라진 고개를 꼿꼿하게 들고 크고 화려한 붉은 양귀비꽃이 활짝 피었다. 우리 부부는 박수와 환호성을 지르며 신바람이 난다. 두 달쯤 더 지난 후 부채처럼 넓게 펴진 범부채 잎사귀들 사이에서 꽃줄기가 자라더니 꽃봉오리가 생기고 자주색 점박이의 표범무늬를 한 붉은 꽃잎의 범부채꽃이 활짝 피었다. 우리 부부는 즐겁고 행복해 하며 감사의 축배를 들었다.

범부채나 양귀비의 꽃씨가 꽃집에서 가져온 화분용 흙 속에 섞여 오지 않았을까 하는 생각을 해 보지만 확인이 불가능하다. 그것도 범부채와 개양귀비가 서로 다른 화분에서 거의 동시에 싹을 틔워 꽃을 피운다는 것은 50년 넘게 난초를 기르고 화분들을 관리하면서 처음 보는 일이라 신기하기도 하지만 우연이 아닌 누군가가 보내준 행운이라는 생각에 우리 노부부는 양손바닥을 마주치며 감사하고 즐거워 했다.

즐겁고 재미있는 이야기는 많은 사람들에 알려주어 조그만 행복이라도 나누어보자는 뜻으로 원고를 정리하여 조선일보사에 보냈더니 'ESSAY'란 전면으로 '아파트 베란다에 찾아온 행복'이란 제목으로 게재되는 행운을 얻었다. 범부채와 개양귀비의 꽃을 피운 것은 내가 할 수 있는 정성을 다하고 최선을 다한 노력으로 얻은 결과라는 생각을 한다. 그래서 성취감을 맛볼 수 있었고 우리 가정의 행복에 활력소가 되었다는 생각도 한다.

인간은 사물을 생각하고 이해득실을 판단하고 선택할 수 있는 능력이 있어 꾀를 부릴 수 있다지만 식물은 여건에 따라 정직하게 반응할 뿐 꾀를 부릴 줄 모른다. 사람이 식물의 필요한 조건을 정확히 맞추어주는 것이 쉽지는 않은 일이지만 필요한 조건만 맞추어 주면 반드시 꽃을 피우고 열매를 맺기 때문에 인간보다 더 믿음이 가고 정직하다는 생각도 해본다.

칠봉산 七峰山

봄비가 그친 다음날이라 깨끗하고 화창한 날씨라 백운산자락 계곡을 찾았다. 좁은 도로 옆에 이런저런 음식점이 수없이 많지만 도로는 승용차끼리도 서로 교차하기가 불편한 곳이 한두 군데가 아니다. 아직도 이런 좁은 길을 그대로 두었을까 하는 생각이 들기도 하지만 여유와 낭만을 느끼며 계곡으로 길 따라 올라갔다.

양지바른 밭두렁에는 광대들이 춤을 추는 모습이 연상되는 '광대나물' 꽃이 밭두렁을 진분홍색으로 물들여 놓아 아직은 차가운 봄이지만 온기가 느껴질 정도다. 묘 마당의 잔디들은 아직 새잎을 내밀지도 않았는데 보라색 '조개나물' 꽃이 귀부인이 입은 밍크코트처럼 보송보송한 털 속에 탐스럽게 피어 있다. 졸졸 흐르는 개울물에 노니는 어린 송사리 모습을 떠올리게도 하는 엷은 보랏빛의 현호색 꽃도 눈에 들어온다. 길가의 양지바른 돌 틈 사이에 자줏빛 보라색의 제비꽃과 반갑게 인사를 하고 돌아섰더니 하얀 제비꽃도 자태를 뽐내며 방긋 웃어준다. 아직 음지에는 겨울눈이 남아 있을 정도로 추운 날씨이지만 봄의 숨결을 곳곳에서 느끼게 한다.

우리나라에 서식하는 제비꽃의 종류가 60가지가 넘는다고 한다. 칠봉산에서도 다양한 종류의 제비꽃을 만날 수 있다. 잎사귀 모양이 스님들의 고깔처럼 생겼다고 고깔제비꽃, 잎자루나 꽃자루에 보송보송한 하얀 털이 있다고 흰털제비꽃 등 잎사귀나 꽃모양 등에 따라 남산제비꽃, 콩제비꽃, 왜제비꽃, 졸방제비꽃, 민둥메제비꽃, 잔털제비, 호제비 등 이곳에서 내가 만난 것만 10여 종류가 훨씬 넘는다.

조선 중기에 영의정을 지낸 백헌白軒 이경석의 묘가 있는 골짜기 산자락에는 다양한 야생화가 계절 따라 자기

만의 독특한 꽃을 피운다. 줄기 끝부분에 잘잘한 분홍꽃이 모여서 여우꼬리 모양의 꽃을 피우는 노루오줌이 화사한 꽃을 피우기도 한다. 노루오줌 꽃이 필 무렵에는 꽃색깔이나 모양이 노루오줌과 비슷한 꼬리조팝나무도 꽃을 피운다. 부처 꽃도 꽃모양이나 꽃 색깔은 비슷하지만 줄기와 잎사귀 사이에서 꽃이 모여피어 층을 이루며 꽃을 피우는 것이 서로 다르다.

백헌은 훌륭한 정치인이요 관료이었지만 2000여 수의 시조를 쓸 정도로 자연을 사랑하고 즐기는 문필가로도 유명하다. 말년에 금강산을 유람하며 가는 곳마다 주옥같은 시조로 아름답고 신비로운 가을의 풍악산을 절절히 묘사했다. '신선이 있는 산에 여생을 맡기지 못한 것이 한이로다 / 여기저기 바라보며 한 걸음 한걸음 천천히 걸어가는데 / 골짜기의 시냇물소리가 멀리까지 따라 오는구나 / 흐르는 물도 정이 많은 것을 비로소 알았노라' 라고 노래한다. 산에서 흐르는 개울물 소리에 정情을 느낄 정도로 금강산의 절경 속에 몸과 마음이 푹 빠져 있는 백헌의 모습이 그려지기도 한다.

봄의 끝자락에 백현의 묘가 있는 산에는 쪽동백나무꽃과 털고광나무꽃이 만발한다. 털고광나무꽃은 달콤한 맛을 느끼게 하는 꽃향기로 골짜기를 자욱하게 채워주어 지나는 길손들의 발걸음을 멈추게 한다. 새하얀 꽃잎이나 꽃술이 배나무꽃을 닮았다. 풀솜대꽃도 줄기 끝에 별처럼 반짝이는 조그만 꽃들이 모여 하얀 꽃송이를 이루며 개울가에 자리 잡고 있다. 햇빛에 눈이 부실 정도로 노란 세잎양지꽃이 곱고 귀엽기까지하다.

묘 마당 잔디 속에서 보라색 꽃을 피우는 큰구슬봉이는 잔디처럼 키가 작다. 양지바른 나무 밑에 꽃며느리밥풀꽃은 화관의 아래 입술이 크다. 진분홍색 꽃잎 안에 하얀 밥알이 두개 그려져 있어 며느리밥풀이라는 이름을 얻었다고 한다. 가난한 집 며느리가 시집살이를 못 견디고 죽은 후 묘 마당에 핀 꽃이라는 전설이 있는 꽃이기도 하다.

과천시에서 남쪽으로 옥여봉, 청계산, 국사봉, 바라산, 백운산, 광교산, 형제봉 등 7개의 봉우리를 묶어서 '칠봉산七峰山'이란 이름을 붙여 본다. 커다란 거북이가 북쪽을 향하여 걸어가고 있는 형상으로 그려지기도 한다. 북쪽에는 서울 서초구와 과천시가 있고 동쪽으로는 성남시와 용인시가 자리 잡고 있다. 남쪽으로는 수원시가 서쪽으로는 의왕시와 안양시 등 7개 시가 둘러싸여 있어 칠봉산이란 이름이 어울린다.

칠봉산을 중심으로 이들 7개 시가 유대와 협력을 더욱 공고히 할 수 있는 새로운 모티브가 될 수도 있다는 생각을 해본다. 이 산들은 주변의 수백만 주민들에게 깨끗한 공기를 공급해주고 아름다운경관을 보여준다. 등산이나 휴식 등 건강관리는 물론 생태체험을 하는 등 매우 유익한 산의 역할을 공유하며 관리하면 서로 유익할 것 같다.

황매산 물매화

야생화를 사랑하는 모임인 '야사모'에서 가을 야생화 탐사를 경남 산청군에 있는 황매산으로 갔다. 산의 중간쯤에 주차장에 도착하니 눈부신 햇살에 시원하고 상쾌한 공기가 먼저 나를 반기며 맞아준다. 하늘에 바람을 일으켰다는 황룡의 머리처럼 생긴 황매산 정상의 암벽이 우리를 내려다보며 위용을 과시한다.

황매산은 1,108m의 높은 산이지만 산등성이나 골자기가 밋밋하며 바위나 돌 보다는 흙이 많은 땅이라 다양한 식물들이 서식한다. 봄에는 철쭉꽃이 만발하여 진분홍 꽃물결의 꽃 바다를 이루는 산이다. 가을바람에 희갈색 억새꽃이 바다물결처럼 출렁이는 모습을 바라보고 있노라니 살면서 쌓인 스트레스가 산바람에 시원하게 날라가는 느낌이다. 키가 큰 나무보다는 작은 나무들이 많고 풀 종류의 초본식물인 야생화들이 다양하게 서식하고 있는 산이기도 하다.

지리산 천왕봉이 손에 닿을 듯 가까이 보이고 높고 낮은 산과 들이 청명하고 곱고 아름답게 끝없이 펼쳐진다. 자동차매연은 물론 미세먼지도 굴뚝연기도 보이지도 느껴지지도 않는다. 맞다. 이것이 원래의 우리의 산이고 들이고 하늘이다. 우리의 하늘과 땅이 이렇게 깨끗하고 아름다운 것을 나는 언제부터인가 잃어버리고 살았다. 정확하게 말하면 잃어버린 줄도 모르고 살다가 오늘 다시 만나면서 죽마고우竹馬故友를 만난 듯 반갑고 신기하다. 산과 들의 초목들은 가을의 문턱에서 푸른색 초록색 노란색으로 넘치는 에너지를 발산하면서 구름 한 점 없이 맑고 깨끗한 초가을 하늘과 어우러져 아름다움을 끝없이 연출하는 한 폭의 그림이다.

주차장에서 산에 오르는 길가에는 개쑥부쟁이꽃과 구

절초꽃이 만발하여 가을의 정취를 흠뻑 느낄 수 있다. 쑥방망이와 조밥나물들이 사이사이에 샛노란 꽃으로 무늬를 놓은 듯 곱고 아름답게 어우러진다. 끝물이긴 하지만 앙증맞은 층층잔대가 연보라색 꽃을 피워 눈길을 끌기도 한다.

나는 아직 물매화꽃을 직접 만나 보지 못했다. 산 넘어 캠핑장 부근에 물매화꽃이 피어 있다고 하여 물매화라는 꽃 이름처럼 물이 흐르는 하천 주변에서 살고 있을 것 같아 캠핑장부근의 개울 주변을 기웃기웃 찾아보지만 물매화는 보이지 않는다. 캠핑장의 개울 주변이 아니라 반대편 산 쪽의 언덕에 있었다. 물매화를 찾으려고 오르락내리락 하다 보니 이마에 땀방울이 흐르고 다리 힘이 빠질 정도였지만 찾든 물매화 꽃을 만나니 반갑고 즐거워 힘이 솟는다.

꼿꼿하게 서있는 꽃대를 감싸고 있는 동그란 연초록색 물매화 잎사귀는 청미래덩굴의 잎사귀를 닮았다. 꽃대 끝에 하얀 꽃잎 5개와 엷은 노란색 꽃술이 달려 있는 꽃 한

송이씩만 받쳐 들고 있는 모양새다. 이곳의 물매화꽃은 화려한 느낌 보다는 청초한 여인을 떠올리는 느낌이다. 화려하고 섹시한 느낌을 주는 빨간 립스틱의 꽃술이 있는 물매화꽃은 이곳에서는 보이지 않았다.

물매화꽃을 뒤로하고 주차장으로 돌아오는 길에 쓴풀과 자주쓴풀을 만나 본다. 올라오면서 아기수영 꽃처럼 생긴 낯선 식물이 잡초들 사이에 우뚝 솟아있어 눈에 뜨인다. 호기심 많은 나는 야생화 고수들에게 무슨 꽃인지 물어보았다. 고수님은 뿌리 주변의 잡초를 헤쳐 보더니 진한 푸른색의 깃꼴 잎사귀를 보고 이 식물은 아기수영꽃이 아니고 고사리삼이라고 알려준다. 쉽게 만날 수 없는 고사리삼을 뜻밖에 만난 것이다. 주차장으로 돌아오는 길에 용의 쓸개와 같은 약효가 있다는 진한 보라색 용담꽃도 만나보고 어린 시절에 꽈리열매의 씨를 파내고 입에 넣고 개구리 우는 소리를 내던 꽈리를 만나기도 했다.

식량이 모자라서 배고픈 보릿고개를 초근목피草根木皮로 견디며 살 때에는 전국토의 2/3가 농사를 지을 수 없는 산山이라는 것을 원망하며 살기도 했었다. 간척사업으로 바다를 메꾸어 새로운 농지도 만들었고, 가뭄이나 홍수에도 농사를 불편 없이 지을 수 있도록 저수지나 양 배수장을 건설하였고, 경지 정리도 하고, 벼의 품종도 다수확 품종으로 개량하면서 우리나라는 식량걱정 없는 시대가 되었다. 계속해서 급속도로 경제가 발전하고 생활이나 문화수준이 높아지면서 각박한 사회와 공해에 시달리는 나라가 되었다. 국민들이 자연을 즐기고 휴식을 찾으며 삶의 질을 높일 수 있는 공간은 강과 바다와 산이고 들이라는 평범한 진리를 생각하면서 산이 많음을 원망하던 시절도 있었지만 산은 인간생활에 필수자원이고 새로운 소득원이라는 생각을 다시하게 된다.

용담꽃

오곡이 무르익어가는 가을에 동네 산자락 등산로 주변 풀 속에서 우연히 보라색 꽃 몇 송이가 눈에 띄었다. 잡초 속에서 한포기가 홀로서서 피운 꽃이 크기나 색깔이 독특하다는 생각이 들었다. 야생화를 사랑하는 사람들의 모임인 '야사모www.wildplant.kr'에 사진과 함께 올려서 용담龍膽꽃임을 알았다. 줄기는 푸른 색이고 높이가 60cm정도 되어 보인다. 잎은 마주나고 잎자루는 없으며 끝이 뾰족한 긴 삼각형 모양이고 표면이 까칠까칠하고 초록색이며 잎맥이 뚜렷하다. 꽃은 줄기 끝과 줄기 윗부분의 잎겨드랑이에 몇 송이씩 피어 있다. 나팔꽃처럼 하늘을 향하고 있는 꽃부리 윗부분이 다섯 갈래로 갈라지면서 끝이 뾰족한 꽃잎이 5갈래가 되고 갈라진 꽃잎과 꽃잎 사이에 조그만 꽃잎이 또 달려 있는 모양새다. 보라색 꽃잎 색깔은 아래로 내려오며 점점 색깔이 엷어진다.

용담과 비슷한 과남풀도 있는데 과남풀은 잎 모양이나 줄기가 용담과 비슷하지만 꽃피는 시기가 과남풀은 여름에 하늘색 꽃을 피우고 용담은 가을에 보라색 꽃을 피우는 것이 다르다. '야사모'의 고수들이 용담은 용의 쓸개처럼 쓴맛이 강한 귀한 약초라서 캐 갈 수도 있다고 귀띔을 해주었지만 어떻게 보호할 방법이 없었고 등산길에 오고 가면서 상태를 확인해 볼 수밖에 없었다.

금년 가을은 우연히 만난 용담꽃 아가씨와 눈 맞춤을 하며 정이 들어서 즐겁고 유익하게 보냈다는 생각을 한다. 하지만 아침저녁의 싸늘한 서릿바람에 누런색으로 변색되며 힘없이 늘어지는 용담의 꽃잎과 잎사귀들을 보면서 아쉬움을 느끼기도 했다. 내년 봄에 다시 새싹이 올라와 강한 여름 햇살의 에너지를 축척하여 가을의 문턱에서 보라색 용담꽃이 또 피기를 기다릴 뿐이다. 내년 새봄에 새 싹틀 때 위치를 알아보려고 나만 알 수 있도록 붉은 끄나풀을 나뭇가지에 매달아 놓고 겨울에도 가끔 오고가며 살펴보지만 변화가 없었다.

겨울이 지나고 이른 봄부터 용담의 새싹을 기다리지만 소식이 없다. 다른 꽃들은 잎이 피고 꽃도 피었는데 용담 아가씨는 새싹이 안 보인다. 지난겨울에 얼어 죽지나 안았을까 걱정도 되어 초조하기까지 했다. 늦은 봄인 5월에 새싹 2촉이 부끄러운 듯 살며시 보이는데 용담의 새싹 같기는 하지만 새싹을 처음 보는 나는 확인할 수 없으니 답답한 심정으로 기다릴 수밖에 없다. 며칠 지나고 보니 잎자루가 없는 긴 삼각형 모양의 잎이 마주나고 잎맥이 뚜렷하게 나타나면서 작년에 보았던 용담 잎사귀와 동일함을 확인할 수 있었다.

겨우내 기다리던 내 마음을 용담이 알리가 없겠지만 나는 무척 반갑고 고맙기까지 했다. 등산로 바로 옆이라 지나는 사람들에게 눈에 뜨일까봐 위장도 필요하겠지만 햇빛이 잘 들도록 하는 것이 더 중요하다는 생각으로 간단한 위장만 했다. 시청이나 구청에 보호를 요청할 정도의 귀한 꽃은 아니라고 생각되지만 어쩐지 신경이 쓰인다.

하지만 작년에 한 포기가 금년에는 두 포기가 되었으니 내년에는 네 포기가 되기를 기원해 본다.

초여름부터 비가 오는 둥 마는 둥 계속 가물어 두 촉의 용담이 제대로 자라지 못하고 있다. 9월 초에는 축 늘어진 잎사귀 사이로 꽃봉오리를 내밀지만 가뭄에 목말라서 꽃봉오리가 정상적으로 자라지 못하고 있다. 안타까워 물을 퍼다 주고 싶기도 했었지만 야생화 자존심으로 견디라고 당부만 했다.

한 달 정도가 지나도 꽃봉오리가 자라지 못하다가 10월 초에 참새 눈물만큼 비가 와서 꽃봉오리가 힘겹게 자라더니 어렵게 꽃을 피웠다. 꽃이 싱싱하고 탐스럽지는 않았어도 위기를 극복하는 것을 보니 역시 야생화로구나 하며 대견하고 장하다는 생각이 든다. 하지만 계속 비가 오지 않으니 잎이 축~ 늘어지면서 꽃봉오리도 시들기 시작하는 느낌이다. 너무도 안타까워 오늘은 근처 개울에서 지하수를 퍼 올린 우물물 한 통을 퍼다 주변을 흠뻑 적시어 주었다.

야생화의 자존심도 중요하지만 살아남는 것이 더 중요

하다고 생각했기 때문이다. 꽃과 잎이 생기가 돌아 왔지만 어쩐지 자연스럽지는 않아 보였다. 다행히 그 후로는 가을비가 자주 내려주고 날씨가 따뜻하여 생육상태가 거의 정상으로 돌아왔지만 꽃이나 잎이 싱싱하고 탐스럽지는 안은 상태로 금년을 마무리 했다. 내년 봄에 싱싱한 새싹이 꼭 올라 올 것으로 믿고 기다려 보기로 했다.

밤나무 이야기

고샅길의 살구꽃 복숭아꽃이나 큰 도로변의 벚꽃들의 색 바랜 꽃잎들이 봄바람에 춤을 추다 길가 풀잎 아래 눈처럼 쌓이면서 봄의 끝자락을 느낀다. 노란 씀바귀 꽃이 얼굴을 내밀고 산과 들이 연녹색에서 점점 짙은 푸른색으로 옷을 갈아입으며 강한 밤꽃 내음이 산과 들에 퍼지면서 무더운 여름의 팡파르를 울린다.

천안~논산고속도로 논산방향으로 차령고개의 긴 터널을 지나면 정안휴게소가 있다. 휴게소에서 김이 모락모락 올라오는 커피를 마시다보면 커피향기 보다 밤나무 꽃내음이 더 강하게 코를 자극한다. 검푸른 녹음이 짙어지는 산야에 우윳빛밤꽃이 만발하면서 얼룩얼룩한 젖소의 등처럼 보이는 밤나무 밭이 여기저기 끝없이 이어진다. 밤꽃은 진달래나 왕벚나무 꽃처럼 화려하지는 않아도 긴 꽃줄기에 매달린 유백색 꽃모양이나 강한 향기가 다른 식물들과는 확연히 구분된다.

공주에서 청양과 부여까지 60~70km 정도의 구간이 밤나무 밭이 이어지면서 초여름에 길손들의 눈길을 끄는 볼거리이기도 하다.

밤나무 꽃은 일반 식물들의 꽃모양과 달라서 처음 보는 사람은 밤꽃을 꽃이라고 생각하지 않을 정도로 모양이 독특하다. 지난해에 생긴 겨울눈겨울을 넘기고 봄에 새 움이 트는 싹에서 돋아난 새 밤나무 가지가 어른 한 뼘 정도 자라면 새 가지에서 꽃줄기가 나오고 꽃이 핀다. 부드럽고 긴 꽃줄기에 아주 작은 연두색 꽃과 하얀 털처럼 보이는 꽃술이 수없이 많아 하얀 쥐꼬리가 연상될 정도의 볼품없는 꽃이지만 밤꽃만의 독특한 향기를 강하게 품어낸다.

밤나무는 여러 과실 중에서 영양소가 다양하고 풍부한 과일나무다. 밤나무는 알밤을 수확하는 것 외에도 꽃에서 꿀을 채취하기도 한다. 목재는 가구나 건축용 고급재료로 사용되기도 하지만 버섯재배의 원목으로도 쓰이는 등 인간생활에 쓰임새가 많은 나무이기도 하지만 놀라울 정도로 지혜로운 나무로도 알려져 있다.

이른 봄에 밤나무 가지에 열매처럼 생긴 붉은 혹을 가끔 볼 수 있다. 혹벌이 밤나무에 알을 낳아서 생긴 혹벌의 집이다. 밤나무는 혹벌의 알이 애벌레로 부화되는 이른 봄에 혹벌의 집을 붉은색으로 변색시키어 새들에게 붉은 열매처럼 보이게 한다. 봄에 먹이가 없어 배고픈 새들이 붉은 혹을 열매로 알고 쪼아서 혹 안에 있는 얼룩얼룩한 조그만 혹벌 애벌레를 잡아먹도록 하는 자기 보호를 위한 밤나무의 지혜 중의 하나다.

밤송이는 가시를 몸에 달고 태어나 밤송이가 자라서 속에 있는 밤알이 완전히 익을 때까지 각종 해충이나 동물들의 접근을 막기 위하여 억세고 날카로운 가시로 보호하고 있다가 밤알이 완전히 익으면 자신의 배를 가르는 아픔과 고통을 견디며 알밤을 세상으로 내보내는 모성

본능의 지혜도 있다.

더욱 놀라운 것은 밤꽃의 모양이나 색깔이 다른 식물들처럼 화려하지 않아서 곤충들의 눈에 띠기 어렵다고 생각한 밤나무는 다른 나무들보다 더욱 강하고 독특한 향기를 바람에 날려 벌이나 나비는 물론 벌레들까지 불러모아 수정受精이 잘 이루어지도록 하는 지혜가 있다.

밤꽃 향기는 남성이 연상되는 꽃내음을 자극적으로 뿜어내기 때문에 남향男香 또는 양향陽香이라고 할 정도다. 젊은 과부가 허벅지를 꼬집어가며 동지섣달 긴긴 밤을 견딜 수는 있어도 밤꽃 냄새가 진동하는 오뉴월 밤은 견디기 힘들다는 말이 있을 정도다. 그래서일까 옛날부터 집 울타리 안에는 밤나무를 심지 않았으며 밤꽃 필 무렵에 여인들의 몸가짐을 조심해야 된다고 말할 정도로 밤꽃에는 특별한 꽃향기가 있다.

밤나무는 알밤을 땅 속에 묻어 놓으면 봄에 새싹이 나와 자란다. 갓난아기에게 어머니가 젖을 먹이듯 알밤속의 영양분을 모두 어린밤나무에 먹여주고 밤알의 껍질만 남는다. 땅속에 남아있는 알밤껍질은 썩지 않고 원형대로 매달려 있으면서 3~4년간 애기밤나무의 성장을 지켜보다가 애기밤나무가 밤이 열리기 시작하면 껍질이 썩어 자식의 먹이로 변한다고 한다.

만물의 영장인 인간이 자식을 낳아 길러서 스스로 살아갈 수 있도록 가르치고 도와주는 부모의 마음처럼 밤나무도 강한 종족보존의지를 확인할 수 있는 대목이다.

이런 모습을 본 우리 선조들은 조상의 은덕을 영원히 잊지 않을 뿐만 아니라 후손들이 자자손손 끊임없이 이어지기를 바라는 마음으로 밤나무로 만든 조상의 위패位牌를 만들어 모시기 시작했다고 한다.

조상들에게 제사를 지낼 때 사용되는 여러 가지 과일 중에서 기본과일로 대추와 밤 그리고 배와 감이 사용되면서 조율이시棗栗梨柿라는 제례용어까지 생길 정도로 밤나무는 우리 민족의 생활과 문화에 다양하게 깊숙이 스며들어 있는 과실나무다.

자연의 섭리이고 오랜 진화과정을 거친 결과라고는 하지만 밤나무가 종족보존을 위하여 자연에 순응하고 적응해가는 신비스런 지혜를 보면서 오늘의 우리 부모들은 자식을 지나칠 정도로 교육하고 보호하지만 우리 민족 고유의 아름다운 효심이나 조상 숭배사상을 교육하는 것은 점점 사라져 간다는 생각에 아쉬움만 남는다.

- 2017년 6월 28일, 중도일보 게재

갈대와 억새

설악산 단풍 소식과 함께 은행나무 가로수의 잎사귀들이 하루가 다르게 노란색으로 바뀌어가며 가을이 깊어간다. 짙푸르던 산에 빨간색과 노란색들이 경쟁이라도 하듯 울긋불긋하게 단풍으로 물들여 놓은 가을 산에 수많은 사람들이 북적인다. 시원한 산바람에 넓고 밋밋한 산등성에 하얀 억새꽃 물결과 함께 사람들의 물결도 출렁이며 춤을 추지만 끝없이 넓고 넓은 평원의 갈대밭은 시원한 강바람에 회갈색의 갈대꽃 물결로 사람들을 불러 모으기도 한다. 가을의 색깔은 다양하고 풍요롭다.

한반도는 삼면이 바다로 둘러싸여 있어 갯벌이 많기도 하지만 국토면적의 70%정도가 높고 낮은 산으로 되어 있어 전국 어디에서나 갈대와 억새를 흔하게 볼 수 있다. 정선의 민둥산, 포천의 명성산, 제주도의 산굼부리 분화구 등은 억새의 명승지로 유명하기도 하다. 서해안이나 남해안지역은 큰 강이나 호수가 많고 바다와 연결되어 있어 갈대밭이 많다.

전남 순천에 순천만, 금강하구의 서천 신성리, 안산 시화호주변 등은 호수나 바다와 어우러진 갈대밭으로 유명한 곳들이다. 넓은 들판이나 물가에는 갈대밭이 많지만 그곳에도 억새가 있고 높고 낮은 산에는 억새밭이 많지만 산에도 갈대가 있어서 갈대와 억새를 구별하기가 쉽지 않다.

억새와 갈대는 같은 벼과이고 마디가 있는 여러해살이풀이면서 좁고 길 다란 잎 모양은 서로 비슷하다. 하지만 억새는 잎 가운데에 세로 방향으로 하얀색의 줄잎맥이 있지만 갈대 잎에는 하얀 줄이 없다. 이삭의 색깔도 억새이삭은 하얀 은백색이지만 갈대이삭은 비둘기 깃털처럼 옅은 회갈색으로 서로 다르다. 또 억새는 길 다란 줄기의 끝부분에서 여러 개의 이삭가지가 매달리고 그 이삭가지마다 많은 씨앗이 빨래 줄에 빨래처럼 한 줄로 매달리지만 갈대는 이삭줄기 중간쯤부터 위로 올라가면서 여러 개의 이삭가지가 차례로 하나씩 나오고 그 이삭가지에서 또 잔 이삭가지가 갈라지고 또 갈라지면서 잔 이삭가지마다 씨앗이 몇 개씩 매달리는 것도 서로 다르다. 갈대의 줄기는 대나무처럼 속이 비어 있지만 억새의 줄기는 속이 꽉 차있는 것도 다르다.

갈대이삭은 수수이삭과 모양이 비슷하고 쓰임새도 비슷하다. 수수이삭을 빗자루로 만들어 사용하는 것처럼 갈대이삭으로 빗자루를 만들어 실내 청소용으로 사용하기도 한다. 또 갈대줄기는 김 건조할 때 쓰는 김발, 햇빛을 가리는 가리개 발, 깔개로 쓰는 갈대자리 등 옛날에는 쓸 쓸이가 많았었다.

흔하디흔한 소나무나 참나무 한그루 없는 산등성이의 넓고 넓은 억새밭은 보는 것만으로도 시원하고 상쾌하다. 높고 파란 가을하늘과 맞닿은 억새밭에 산바람이라도 불면 하얀 억새꽃 물결은 굽이치고 굽이쳐 하늘까지 굽이치며 올라간다. 형형색색 구경꾼들의 옷 색깔과 어우러지는 넓고 시원스런 억새밭을 바라보고 있노라면 가슴이 후련해지면서 찌들고 쌓였던 스트레스가 가을바람과 함께 하늘로 날라 가는 듯 시원하다. 산바람에 파도처럼 밀려오는 억새꽃 물결은 수많은 군중들의 움직임에서 분출되는 무리들의 함성과 역동성을 느끼기도 한다.

갈대는 뿌리와 줄기의 일부가 물속에서도 자랄 수 있지만 소금기가 있는 토양에서도 살 수 있는 식물이기도 하다. 물을 깨끗하게 하는 기능도 있어 호수나 바다에 흘러들어오는 오염된 하천수의 수질을 개선하는 방법으로 활용하기도 한다. 마디가 있는 뿌리줄기는 땅속 깊이 뻗어 들어가고 마디마다 잔뿌리가 많이 자라기 때문에 흙속의 염분을 땅속 깊이 수직으로 내려가게 하는 역할을 하므로 소금기가 많은 갯벌 땅의 염분을 제거하여 농지로 만드는데 갈대를 이용하기도 하였다. 야생동물들이나 들새들의 생활터전이 되기도 하여 친환경적이고 자연보호의 역할이 많은 식물이기도 하다.

가을바람에 갈대꽃이 출렁이는 넓고 넓은 갈대밭 끝은 바다나 호수의 수평선과 이어지며 하늘과 맞닿는다. 온통 붉게 물들어 가는 석양하늘에는 수많은 철새들이 구름처럼 떼를 지어 춤을 추고 노래하며 아름다운 가을을 연출한다.

오색단풍이 물든 가을 산에서는 화려함과 성취감을 느낄 수 있다지만 담갈색의 억새밭이나 갈대밭에서 느끼는 은은한 색감色感이나 끝없이 광활하고 잔잔한 분위기는 도시의 공해와 번뇌에서 벗어나 차분함과 편안함을 느끼게 하는 또 다른 가을의 얼굴이기도 하다.

- 2015년 10월 26일, 중도일보에 게재

옥가실의 가을

칠갑산 남쪽 끝자락 부여 은산에 옥가실玉佳室이란 마을이 있다. 풍광이 뛰어나지는 않아도 옥구슬 같이 아름답다는 이름값을 확실히 하는 마을이다. 땅이 기름지고 물 지하수도 많고 깨끗하다. 아름답고 유연한 지형지세 때문인지 마을사람들은 온순하고 부지런하며 인정이 많다. 마을회관 마당에 100년은 넘어 보이는 아름드리 느티나무 2주가 형제처럼 서있는데 마을의 상징이며 오고가는 사람들의 휴식처요 사랑방이다. 나는 밤나무가 100여주 있는 시골집을 몇 년 전에 옥가실에서 구했다.

이른 아침 새와 벌레들의 노래 소리가 시작되면 동녘하늘을 붉게 물들이며 떠오르는 해가 붉다 못해 누렇게 이

글거리며 옥가실의 아침을 열어준다. 생동감 넘치는 환상의 해돋이와 함께하는 옥가실은 축복이다.

마을 앞으로 흐르는 지천之川, 금강의 지류에서 아침에 피어오르는 물안개는 망월산과 꾀꼬리봉을 바다 위의 섬처럼 만들면서 강물 따라 금강 쪽으로 서 있는 듯 천천히 흘러간다. 평화롭고 아름다운 자연이 연출하는 동양화그림 이다.

하루에 한번 아침 8시 반에 버스가 마을회관까지 들어온다. 이 버스를 기다리는 어르신들이 아들집 딸집에 직접가지고 가거나 택배로 부치러 가는 짐들이 바리바리 많다. 올해 수확한 참깨도 있고, 고추도 있고, 묵직한 밤자루와 검은콩도 있다. 시골의 부모들은 가을에 자식들에게 나누어 주려고 텃밭에 이런저런 농사를 짓는다고 한다. 허리가 아프고 무릎관절로 농사일이 힘들지만 자식들을 위한 본능이고 보람이기 때문에 즐겁고 행복할 뿐이란다. 인정이 넘치고 순박한 삶의 모습들이다.

마을 주변 산에는 모두 밤나무가 심어져 있어 농가의

대부분이 밤농사를 짓고 있다. 밤농사는 해마다 가지치기를 해주고 두 번 정도의 거름을 준다. 병충해 예방을 위하여 항공방재를 하지만 필요하면 농가에서 추가방재도 한다. 추석 전후에 밤이 떨어지기 시작하면 한 달 정도 밤 수확을 한다. 밤 수확은 다른 과일과 다르게 알밤이나 밤송이가 떨어지면 줍기 만하면 되지만 밤 줍기가 밤농사의 마지막 작업이면서 클라이맥스이다.

밤은 크고 무거워야 값이 나가고 변질되거나 벌레 먹은 밤은 값을 못 받기 때문에 떨어진 밤을 빨리 주어서 수매收買해야 한다. 하지만 밤 줍기에 일손이 모자라 마을에 사는 남녀노소 모두가 밤 줍기에 나서야하고 인근지역이나 큰 도시에서 일손을 조달하기도 한다.

마을에서 일꾼을 구할 수도 없지만 우리 밤 밭은 규모가 작아서 일꾼을 사서 밤 줍기할 정도의 농사귀모가 안 되어 나와 아내가 직접 수확을 할 수밖에 없는 형편이다. 숙달된 사람의 하루일거리를 나는 3일정도 해야 되는 늙은 아마추어 농사꾼이기 때문에 밤이 많이 떨어질 때는 나와 아내만으로는 감당하기가 어려운 일이다. 어쩔 수없이 토요일과 일요일은 도시에서 직장생활 하는 아들딸이나 주변에 사는 일가친척까지 동원하기도 한다.

아침 일찍 날이 밝기만하면 시작하는 밤 줍기는 쉬어가면서 천천히 할 수도 있다지만 밤을 주워서 모아놓은 밤자루를 옮기는 것은 정말 힘든 일이다. 40여 kg 정도 되는 밤 자루를 버둥대며 손수레에 옮겨 실어서 울퉁불퉁한 밭을 기우뚱거리며 자동차가 들어오는 마당까지 옮기는 것은 체력이 모자라 다리가 후들거리고 숨이 멈춰지는 중노동이다. 100m도 안 되는 거리를 세 네 번 쉬어가며 옮겨도 나에게는 무척 힘든 일이다.

한 해 동안 땀 흘려 얻는 수확의 기쁨은 체험에서만 느낄 수 있다는 생각을 했다. 아마추어 농사꾼인 나는 익숙하지 않은 육체노동이라 몸은 힘들고 고통스럽지만 살아있는 자연 속에서 땀 흘리며 일할 수 있음에 감사하고 흐뭇한 성취감도 느낀다.

가을 내내 옥가실 사람들의 얼굴이 밝고 활기찬 모습은 풍성한 수확의 기쁨으로 행복하기 때문일 것이다.

해 뜰 무렵 밤을 줍다가 숲속에서 이름도 모르는 새가 노래를 한다. 마치 누군가와 대화를 하는 것처럼 지저귀는 노래 소리가 신비롭게 아름답고 상쾌하다. 노래의 소절마다 소리의 강약이나 높낮이가 서로 다른 3개의 소절로 된 노래를 한다. 그리고 같은 노래를 3~4회 반복한다. 세 소절로 된 유행가를 세 네 번 반복해서 부르는 것 같았다. 저녁에 우는 새는 임이 그리워 울고 아침에 우는 새는 배가 고파서 운다는데 아침 먹으러 가자고 짝을 부르는 언어 같았다.

이른 아침 청량한 새의 노랫소리는 지친 내 몸에 활력소가 되기에 충분했다. 너무도 신기해서 다음날 아침 같은 시간에 기다려보았더니 똑같은 노래를 한다. 그 다음날은 휴대폰 녹음기를 열고 기다려 보았지만 비가 와서 그런지 새가 오지 않았다.

옥가실의 가을이 깊어지면 마을회관 마당에 있는 백년도 넘어 보이는 느티나무꼭대기부터 짙은 녹색잎사귀가 노란색으로 물들어가기 시작한다. 느티나무 단풍은 점점 나무 아래로 내려오면서 노란 느티나무로 바뀌어 간다.

설악산 단풍이 산꼭대기에서부터 물들기 시작하여 산 아래로 내려오듯 가을이 흘러간다. 노란단풍이 가장 아래에 있는 나뭇가지의 잎사귀까지 내려올 무렵 느티나무 꼭대기의 노란단풍잎은 갈색으로 변하고 갈색 잎이 나무 아래로 점점 내려오면서 풍성했던 옥가실의 가을은 쌀쌀한 겨울바람에 밀려 막을 내린다.

- 2014년 10월 14일, 중도일보 게재

바다로 버려지는 물

농경지의 가뭄과 홍수를 해결하고 농지를 새로 조성하여 부족한 식량을 증산하기 위해 정부는 60년대 후반부터 본격적인 간척사업을 해왔다. 이 간척사업으로 1억톤 이상의 수자원을 확보할 수 있는 대형 담수호바다를 막아서 만든 호수가 전국에 7곳이나 되며 이들 담수호에서 확보된 농업용수는 연간 16억 톤에 이른다. 아산방조제와 삽교방조제, 금강이나 영산강 하구둑이 대표적인 대형 간척사업지구들이다. 이렇게 건설된 방조제로 공업용수나 생활용수가 확보되었고 교통이 편리해지면서 주변 지역에 조성된 토지는 우리나라 서해안 지역의 산업 발전의 요지가 되어 서해안 시대의 기반이 되었다.

이들 담수호에 빗물이나 하천수가 흘러들어 오는 물의 양과 바다로 흘러 나가거나 농업용수 등으로 소비되는 물의 양을 비교분석하는 것을 '물 수지분석收支分析'이라고 한다. 아산담수호의 '물 수지분석' 결과 자료에 의하면 1년간 아산담호수로 들어온 전체 수자원 양이 11억 톤 정도인데 이 중에서 연간 7.5억 톤은 홍수 등으로 바다로 흘러나가거나 증발되고 나머지 3.5억 톤이 실제로 사용이 가능한 수자원으로 분석된다.

이 사용이 가능한 3.5억 톤의 수자원 중에서 절반도 안 되는 40% 정도만 농업용수1.1억 톤와 공업용수0.34억 톤로 사용될 뿐이고 나머지 60%2.4억 톤 정도의 수자원은 아무 쓸모없는 물처럼 바다로 흘러가고 있는 것으로 분석된다. 당시 아산담수호에서 인근 공단에 공급되는 물값을 적용해보면 연간 약 100억 원에 해당하는 수자원이 바다에 버려지고 있다는 계산이다.

서해안 시대를 맞아 영산강하구 주변과 금강하구 주변은 물론 아산담수호 주변의 평택시, 화성시, 아산시, 당진시 등의 지역에는 물이 필요한 공업단지나 중소공장들이 계속 늘고 있다. 서해안 곳곳에 분포하는 대형 담수호에 확보되어 있는 농업용수는 별도의 투자 없이 이용시설만 설치하면 활용이 가능한 상태다. 송수送水 비용만 감안해도 물값 면에서 경쟁력이 있다. 정부의 국가자원관리 차원에서 바다로 버려지는 농업용수는 공업용수나 생활용수 등으로 활용될 수 있는 대책이 절실해 보인다.

- 2010년 3월 30일, 조선일보 게재

꽃도 효자

아파트베란다에 꽃들이 모여 산다.
난초, 동백, 범부채, 영산홍, 모두 수무명이 넘는 대가족
마흔 살 넘은 '동백'이 맏이다.

해남에서 입양한 아기 동백 나와 함께 반백년
볼품없는 외모에 병치레도 많았지만
기른 정 고운 정 뿌리 깊이 스며있고
입춘 무렵 탐스런 꽃을 피워 봄소식을 알려주고
윤기 자르르한 연두색 새 잎사귀는 생명력이 돋보인다.

이른 봄 창밖 날씨 아직 춥지만
곱고 화사한 담홍색 '영산홍꽃' 활짝 피워서
겨우내 움츠린 꽃 가족들 어깨 펴준다.

형제 많은 난초들 저마다 고고孤高하다

설날 전후 꽃을 피워 때를 알린다고 보세던가
통통한 줄기 끝에 하얀 석곡꽃 봄바람에 향기 뿌리면
작고 가녀린 소엽풍란꽃이 향기하면 자기라며 시샘과
재롱이다.

때 되면 물도 주고 사랑도 뿌려주고
눈으로 대화하며 차광막도 열고 닫고
꽃피면 칭찬하고 새잎 펴도 격려하고
꽃이 있어 즐겁고 할 일 있어 건강하니
꽃도 효자로구나.

2016년 5월

참죽나무(충남, 옥가실)

고란초(충북, 사곡)

겨울 _ 소박한 행복

'행복은 보이는 것이 아니고 스스로 느끼는 것이구나.' 라고 혼자 중얼거리며 지금까지 느껴본 행복들의 맛과는 다른 행복의 맛을 느껴본다.

억새풀(경남, 황매산)

동백꽃(전남, 향일암)

자연 앞에 알몸으로 마음까지 열어놓고 순응하니 마음이 편해지고
마음이 편해지니 자연이 더 아름답게 보이며 소박한 행복을 느끼며 산다.

소박한 행복

반 세기가 넘게 살아온 서울 생활은 편리하고 자유롭고 다양한 볼거리와 먹을거리는 물론 최첨단의 각종 정보와 문화의 접촉이 언제나 가능하기도 하지만 오염된 공기나 각종 소음에 시달리고 자연적인 것보다는 인공적이고 기계적이며 일상생활이 바쁘고 각박한 것도 사실이다. 나이가 들면 자연과 더불어 사는 시골생활이 더 편안한 삶이 되겠다는 생각을 오래전부터 했었지만 정년퇴직하고 10년이 지나도 집을 구하지 못하고 있다가 친구의 도움으로 칠갑산자락의 깊은 두메산골 옥가실玉佳室 마을에 밤나무 100여 그루가 있는 농가를 구했다.

옥가실 마을 앞 지천之川 주변에 망월산을 비롯한 높고

낮은 산들이 이른 아침 물안개 위에 둥실둥실 떠 있는 모습과 멀리 금강錦江 건너 까마득히 보이는 계룡산이 어우러지면 감탄사가 절로 나오는 아름다운 한 폭의 동양화 그림이다.

새벽별이 반짝이던 동녘의 하늘과 땅이 불그스레 물들기 시작하면 떠오르는 해님을 영접하려고 새들도 벌레들도 아름다운 노래를 시작한다. 자연의 숨소리에 강아지도 염소도 꽃도 풀잎도 잠에서 깨어 기지개를 켜며 떠오르는 해님을 맞을 준비를 한다.

온 누리의 생명체에 부족함을 채워 주시려고 떠오르는 해님을 기다리며 자연의 합창소리를 듣고 있노라면 어느새 불그스레하던 하늘이 점점 더 붉어지면서 내 가슴의 고동소리가 차츰차츰 높아지기 시작한다.

붉다 못해 누~런 금빛 해님이 조금 씩 조금 씩 솟아오르면 가슴이 퐁당퐁당 뜀박질을 시작한다. 이글거리는 황금덩어리 해님이 둥그렇게 커지면 심장이 쿵쾅거리며 숨이 막힐 듯 환희의 클라이맥스에 이른다. 커다란 둥근 태양이 산을 딛고 하늘로 떠오르면 감탄과 흥분의 파도는 차츰 잔잔해 지면서 내 고동소리도 조용해진다.

나는 빙그레 미소를 지으며 '행복은 보이는 것이 아니고 느끼는 것이구나.' 라고 혼자 중얼거리며 지금까지 느껴본 행복들의 맛과는 다른 느낌의 행복의 맛을 느껴본다.

지난 여름에 깻잎이라도 따먹으려고 들깨모종을 이웃집에서 얻어 심었다. 깻잎을 따 먹을 시간도 주지 않고 어느새 가을이 되어 푸른 들깨열매가 갈색으로 변하면서 수확을 재촉한다. 두툼한 비닐을 들깨 밭 옆에 깔고 들깨나무를 낫으로 조심스럽게 베어 비닐위에 놓으면 깨알 떨어지는 소리가 토도독 토도독 난다. 행복이 쏟아지는 소리처럼 풍요롭고 신기하게 들린다. 짙은 들깻잎 냄새는 코가 매울 정도이지만 온몸에서 행복의 비타민이 솟구치는 느낌이다. 몇 됫박 안되는 들깨 수확이었지만 돈 주고는 살 수 없는 소박한 행복을 수확했다.

평범한 자연 속에서 들려오는 벌레나 새들의 지저귀는 소리가 나를 편안하고 즐겁게 해준다. 시詩를 써본 경험이 없지만 이른 아침 동녘 하늘을 벌겋게 물 드리며 떠오르는 누런 해님을 보면서 느낀 감동을 몇 줄 적어보기도 한다.

신비롭고 아름다운 자연에 흠뻑 빠져 있음을 느낀다. 특별히 주변의 경관이 아름다워서라기보다는 자연 앞에 알몸으로 마음까지 열어놓고 순응하니 마음이 편안해지고 마음이 편해지니 자연이 더 아름답게 보이며 소박한 행복을 느끼는 것 같다.

- 2017년 9월 13일, 중도일보 게재

사라져 가는 고란사 고란초

구곡간장 올올이 찢어진다는 애잔한 고란사 종소리를 들으며 옛 추억을 더듬어보고 싶다는 생각을 오래전부터 하고 있었다. 부여 고향집에 일이 있어 혼자 왔다가 여유 시간이 생겨 오랜만에 한적하게 부소산에 올라 고란사를 찾는다. 사자루에서 낙화암을 거처 고란사에 이르는 꼬불꼬불하고 경사가 급한 도로를 조심스럽게 내려가면서 옛날에 오르내리던 추억이 오롯이 떠오른다.

신라와 당나라 연합군에 쫓기던 백제의 삼천궁녀들이 꽃잎처럼 백마강에 몸을 던졌다는 낙화암에 오르니 동북쪽으로 닭 벼슬처럼 생긴 뾰족뾰족한 계룡산鷄龍山 봉우리들이 파란하늘에 가마득하게 보인다. 도도히 흐르는 백마강금강은 풍요로움과 유구한 역사를 떠올리기에 충분하다. 낙화암 꼭대기의 백화정百花亭 아래 바위틈에 곱게 핀 파란하늘색 종닭의장풀 꽃과 밤하늘의 별처럼 반짝거리는 노란 기린초 꽃들이 커다란 바위와 늙은 소나무가 어우러진 낙화암 분위기를 부드럽고 평온하게 해주면서 손님들을 반기고 있다. 낙화암 절벽의 높이나 주변풍광이 비슷한 독일의 라일강변에 있는 로렐라이 언덕이 떠오를 정도로 낙화암을 보는 느낌이 새롭기도 하지만 만감이 교차하기도 한다.

삼천궁녀가 떨어졌다는 낙화암 절벽 아래 강변에 자리 잡고 있는 고란사皐蘭寺에는 마시면 젊어진다는 약수와 바위절벽 틈에서 살고 있는 고란초皐蘭草가 유명하다는 것은 아무리 강조해도 부족하리라. 하지만 약수는 옛날처럼 변함없이 흘러나오는데 고란초는 보이지 않고 절벽 위에 고란초라고 쓴 표지판만 보인다.

이곳 고란초는 원효대사가 백마강의 강물을 마시며 느낀 물맛으로 강 상류에 고란초가 있음을 알고 부소산 절벽에서 찾아내어 세상에 알려졌다고 전해진다. 원효대사가 찾아낸 때부터 계산해도 1,300여 년을 넘게 이곳에서 살아온 고란초라는 이야기다. 고란사 약수터 위의 절벽 바위틈 여기저기에서 쉽게 볼 수 있었지만 언제부터인가 차츰 차츰 포기수가 줄어들더니 안타깝게도 오늘은 멸종위기를 느끼게 한다. 잎의 모양이나 색깔을 구별하기 어려울 정도로 작은 고란초가 3~4포기만 보일 정도다. 그것도 고란사스님이 위치를 설명해주어 고란초라는 것을 알 수 있을 뿐이지 일반인들은 쉽게 찾을 수도 알아보기도 어려운 상태이다.

내가 만나본 한탄강변이나 충북 진천 그리고 천수만 주변에서 자생하는 고란초를 살펴보면 습기를 좋아하고 직사광선 보다는 반사광선을 좋아하여 강변이나 옹달샘이 있어 습기가 있는 암벽에서 잘 자라는 것으로 보인다.

고란사의 고란초가 있었던 절벽 아래 바위 틈에서 스며나와 고여 있다 흐르던 약수 물이 자연스럽게 증발되어 고란초가 살아가는데 필요한 수분이나 영양물질이 공급되었을 것이다. 언제 부터인가 약수를 보호하기 위하여 만든 약수터의 지붕 때문에 수분공급이 원활하지 못하여 고란초가 쇠퇴해져가는 것은 아닌가하는 생각이 들면서 고란사의 고란초 상태가 더욱 안타깝기만 하다.

고란사는 "백제 때 왕들이 노닐기 위하여 건립한 정자였다는 설과 궁중의 내불전內佛殿이라는 설이 전하며, 백제의 멸망과 함께 소실된 것을 고려시대에 백제의 후예들이 삼천궁녀를 위로하기 위해서 중창하여 고란사高蘭寺라 하였다. 그 뒤 벼랑에 희귀한 고란초가 자생하기 때문에 고란사皐蘭寺라 불리게 되었다. 1028년 현종 19에 중창하였고…"라고 '한국민족문화대백과'는 설명하고 있다.

충남 부여는 120여 년간 찬란한 백제 문화가 꽃피었던 백제의 왕도이었다. 부여 지역에서 출토된 백제금동대향로를 비롯한 백제 시대의 유물 5가지가 대한민국 국보로 등재되어 있을 정도로 문화유산이 많은 곳이기도 하지만 서울과 경주와 함께 우리나라 3대 역사문화도시 중의 하나이기도 하다. 1000년 고찰 고란사는 부여의 대표 명소이지만 대한민국의 관광명소 중의 하나인 것도 분명하다.

1000년 전에 고란초의 이름을 따서 고란사라는 절 이름을 얻을 수 있었으니 고란초는 고란사의 뿌리임에 틀림없다. 고란초는 천년 이상 이곳 부소산 절벽에서 살아왔으니 천연기념물이라 해도 될 것 같다. 고란초 없는 고란사는 의미나 가치가 떨어질 수도 있을 것이고 관광명소 부여는 물론 한국의 이미지에도 영향이 있을 것이다. 이곳 부소산 고란사에서 천 년 이상 살아온 고란초를 지금을 살고 있는 우리 세대에 멸종되어 가고 있는 것을 보고만 있을 수는 없다. 관련 기관에서 전문적인 원인과 대책을 수립해서 복원시키어 후손들에게 물려주기를 기대해 본다.

접근성의 어려움도 있겠지만 어쩐지 한산하고 초라하다는 느낌이드는 고란사와 멸종되어가는 고란초를 보면서 사비시대에 찬란했던 백제문화예술의 역사적 정서가 사라질까 우려스럽기까지 하다.

- 2017년 10월 18일, 중도일보 게재

너도바람꽃

이른 봄에 너도바람꽃을 만나보기 위해 경기도 광주시 무갑산을 찾았다. 너도바람꽃을 직접 보지도 못한 나는 안내자도 없이 무갑사 골짜기를 따라 올라간다. 등산로입구 부근 개울 옆에 큰 돌 사이에 사람이 엎드려 있다. 너도바람꽃 앞에 사진기를 세워놓고 깔개를 깔고 엎드려 사진을 찍느라 몰두하고 있어 말을 걸어볼 수도 없었다. 계속 올라가면서 찾아보지만 너도바람꽃은 쉽게 보이지 않았다. 계곡을 30여 분 기웃거리며 올라가다가 나무 사이로 빨간 모자가보여 가까이 가보니 역시 깔개를 깔고 사진을 찍고 있다. 혹시 저 깔개 밑에 꽃이 없을까하는 기우杞憂이겠지만 걱정을 했다.

직접 꽃을 찾아보겠다는 생각으로 여기저기 끼웃끼웃 찾다가 큰 돌 밑에 쌓인 낙엽 사이에 서있는 너도바람꽃 삼형제를 만났다. 반갑고 신기하다. 아직은 기온이 영하의 추운 날씨인데 언 땅을 뚫고 올라온 가녀린 황갈색줄기에 세 갈래로 깊게 갈라진 잎과 하얀 꽃을 머리 위에 이고 있는 모습이다.

잎은 추위에 시달린 듯 늦가을에 된서리를 맞은 배추잎사귀처럼 힘없이 줄기에 붙어있다. 꽃은 잎사귀 가운데에 있는 꽃자루 끝에 꽃잎처럼 생긴 하얀 꽃받침 5개가 노란 꽃술을 감싸고 있는 모습이 조금은 생기가 있어 보인다. 나무 사이로 부는 가느다란 실바람에도 흔들리는 꽃은 추워서 떨고 있는 모습처럼 느껴진다. 아기처럼 귀엽기도 하지만 어쩐지 애처롭고 불안해 보인다.

사진을 찍으려고 사진기 초점을 조정하고 있는데 몸이 가늘고 작은 벌이 카메라 화면 안으로 들어와 꽃술을 더듬는다. 이 추위에 너도바람꽃이 핀 것을 어떻게 알고 벌이 찾아 왔을까?

'찬 봄바람에 실려 온 꽃향기가 겨우내 굶주린 벌들의

식욕을 자극하기에 충분 했을 것이다'라고 중얼거려 본다. 아직은 추운데도 성급하게 꽃을 피운 너도바람꽃은 저 벌들이 와서 수정해줄 것으로 믿고 꽃을 피웠으리라. 자연의 질서와 신비로움을 느끼는 장면이다.

50여 일이 지난 후 무갑산을 다시 찾아갔다. 어른이 된 너도바람꽃이 어떻게 변했는지 궁금하기도 했지만 무갑산에 야생화가 많다는 이야기를 들었기 때문이다. 등산로를 따라 올라가다 길가에 핀 양지꽃을 만났다. 비 내린 다음날 강한 햇빛아래 샛노란 양지꽃은 노란색의 극치極致라는 생각이 들 정도로 깨끗하고 곱다.

산을 조금 더 올라가다 줄기를 자르면 붉은색 유액이 나온다는 피나물 꽃무리를 만났다. 노란꽃잎과 꽃술 모양이 애기똥풀꽃과 아주 비슷한데 꽃의 크기가 애기똥풀꽃 보다 훨씬 크다. 줄기와 잎의 모양도 서로 전연 다르다. 개별꽃이나 현호색꽃이 여기저기 널려 있고 으름덩굴꽃도 만발하여 향기를 피운다. 산괭이눈은 갈색의 씨앗만 보듬고 있고 이름을 모르는 제비꽃도 많았다. 이름을 모르는 꽃도 많았지만 높이가 15m는 되어 보이는 큰 나무에 하얀 꽃이 흐드러지게 피어있다. 산벚꽃처럼 산골짜기에 하얀 눈 같은 꽃잎을 뿌리는데 꽃 색깔이나 나무의 모양이 산벚꽃과는 달라 보였다.

봄꽃은 지었지만 새로 핀 여름 꽃을 만나면서 산에 올라가다가 이른 봄에 와서 너도바람꽃을 만난 장소를 찾았다. 지난번에는 너도바람꽃만 보였는데 오늘은 여러 가지 꽃과 풀이 자라서 그 아이를 찾기가 쉽지가 않았다. 잎모양이 비슷한 풀도 있어 더욱 헷갈린다. 돌 밑의 너도바람꽃 삼형제는 찾았지만 추위를 못 견딘 듯 잎이 누렇게 변해있었다.

몹시 아쉽고 안타까웠다. 조심조심 이곳저곳 두리번거리다가 다 자란 어른 너도바람꽃 하나를 찾았는데 열매모양이 야생화도감에서 본 것과 일치했다. 잎사귀 가운데에 서 있는 꽃자루 끝에는 티스푼모양의 열매주머니 6개가 있다. 그 열매주머니 속에 아직 덜 익은 하얀 열매가 3~4개씩 보인다. 이른 봄에 추위에 떨고 있던 줄기는 푸른색으로 변하여 제법 야무지게 보였고 잎사귀도 어릴

때와 모양은 같지만 훨씬 크고 색깔이 검푸를 정도로 싱싱하고 건강해 보인다. 어른 너도바람꽃은 어렵게 맺은 자기 씨앗이 잘 여물도록 살며시 품고 있는 모습이 어른스럽고 대견스러워 보이기까지 한다.

산을 내려오는 길가 등산로 입구에 있는 무갑사의 주지 스님이 쓴 '너도바람꽃들의 속 이야기'라는 시가 걸려 있다. "지난해 찢긴 얼굴 성형 몇 번했어 / 나도 부러진 목에 디스크래 / 나는 꺾어진 허리가 / 펴지지 않아 키가 작아 졌어 / …" 알게 모르게 저지른 작지만 심각한 부주의에 대한 애절한 하소연이다. 아직은 괜찮아 보이지만 무갑산에서 너도바람꽃이 사라질 수도 있겠다는 생각이 나만의 과민한 생각일까? 조심한다고는 했지만 꽃을 즐기다 알게 모르게 밟고 꺾인 꽃이 얼마나 많을까하고 생각하니 나도 부끄러울 뿐이다.

유서 깊은 옥가실 참죽나무

으름덩굴이 돌담을 덥고도 모자라 까치집이 있는 참죽나무로 기어 올라간다. 우윳빛 참죽나무 꽃가지는 초여름 산들바람에 흔들리며 달콤한 향기를 온 마을에 퍼트린다. 어린 시절 보고 느꼈던 독특한 참죽나무 꽃냄새가 아련한 추억 속으로 나를 스며들게 한다. 부여 은산 옥가실 마을의 초여름 풍경이다.

참죽나무는 중국이 원산지라지만 삼국시대의 유물로 발견 될 정도로 오래전부터 우리 생활 주변에 살고 있는 토착화된 나무다. 높이가 20m가 넘을 정도로 키가 크고 곧게 자라며 대부분 꼭대기부분에만 가지가 있어 까치들이 집터로 많이 사용한다. 잎은 긴 타원형이면서 끝이 뾰족한 잎사귀가 마주달린 깃 모양의 겹잎이다. 봄에 피는 새 잎사귀는 검붉은 녹색인데 고추장을 발라 말려서 반찬으로 먹기도 하고 삶아서 나물로 먹거나 전을 부쳐 먹기도 했던 기억이 오롯이 살아 있다. 다른 음식에서는 느낄 수 없는 독특한 맛과 향이 내 기억 속에 아직도 뚜렷하다. 잎은 식용하고 약용으로도 쓰인다. 목재는 붉은색 나이테가 있고 단단하여 각종 가구나 건축용 자재로도 많이 쓰인다.

꽃은 6월에 피는데 유백색이고 투구모양으로 생긴 조그만 꽃들이 원추형 꽃차례로 달린다. 여러 개의 노란수술과 붉은색의 암술이 하나 있다. 꽃 하나하나는 작지만 꽃줄기가 40~60cm정도로 길고 10~15cm 정도의 꽃가지 여러 개가 달려 있어 전체적인 꽃모양은 흑산도 앞바다 홍어처럼 꼬리가 달린 역 삼각형 모양이고 끝부분의 꼬리가 땅을 향하여 매달려 있다.

참죽나무 꽃은 향이 강하고 꿀이 많아 잎사귀에 꿀이 흘러내려서 햇빛에 번쩍거리기도 하는데 잎을 손으로 만지면 끈적거릴 정도다. 열매는 짙은 갈색의 럭비공처럼 긴 타원형인데 익으면 다섯 조각의 날개가 벌어져 열매 밑 부분에 붙어 있다가 바람에 날려 사방으로 흩어진다.

돌이 많은 옥가실 마을은 아직도 돌담이 남아 있다. 너비가 2m도 안될 정도의 좁은 골목길 양편에 돌담이 쌓인 돌담길도 있다. 옛날에 산짐승들이 많은 산골이라 가축이나 어린 아이들을 보호할 필요도 있었을 것이고 집안의 사생활을 밖에 보여 주고 싶지 않아서 돌담을 쌓았을 것이다. 하지만 현재 남아 있는 돌담들은 옛날의 기능이나 역할은 찾아볼 수 없지만 옛날모습을 고스란히 보존하고 있다.

돌담은 크고 작은 자연 그대로의 돌덩이로 쌓았는데 쌓는 형식이나 모양이 특별하지도 않아 보인다. 모양을 내지 않고 쌓았기 때문에 오히려 자연스럽고 운치가 있다. 원래의 돌 색깔은 찾아볼 수도 없을 정도로 거무스름하게 색이 변했고 이끼도 끼어 있는 모습이 만고풍상을 다 겪은 고색이 물신 물신 풍기는 유물임에 틀림없어 보인다. 마을의 오랜 역사도 알고 있을 돌담은 집안에 살았던 사람들을 지켜주면서 같이 울고 웃었으리라. 울 안의 집은 초가지붕에 이엉을 엮고 흙을 바른 흙벽 집이었지만 새마을사업으로 스렛드지붕에 시멘트 벽으로 바뀌었고 지금은 골함석이나 기와지붕으로 변했다.

텃밭 아래 논 귀퉁이에는 마을 아낙들이 수다를 떨고 정보를 주고받던 공동우물도 있다. 언제부턴가 사용하지 않아 잡초 속에 묻혀 있던 우물이 옆에 있는 소하천을 정비하면서 다시 살아나 하늘을 보게 됐다. 수백 년의 역사가 있는 옥가실 마을의 흥망성세를 보고 들어서 소상하게 알고 있을 것 같다. 유물로써의 가치가 있어 보이는 돌담과 우물을 잘 보존하고 관리해야 된다는 안타까운 생각이 들 정도이다.

옥가실 마을에는 수령이 100년은 훨씬 넘어 보이는 육중한 느티나무 두 주가 마을회관 마당에 형제처럼 자라서 마을의 중심이고 휴식처 역할을 하고 있다. 하지만 수령이 2~300년은 되어 보이는 느티나무가 두 주가 마을 서쪽 산자락에 있는데 속은 썩어서 텅 비어 있고 껍데기만으로 힘겹게 서 있는 모습이 안타까워 보인다. 아무 보호시설도 없이 급커브길 옆에 서 있는 늙은 느티나무가 지나가는 경운기나 자동차에 부딪칠까 걱정되고 안타깝기만 하다.

옥가실의 늙은 나무들이나 돌담과 우물은 우리 조상들의 살아온 숨결을 느낄 수 있는 유서 깊은 삶의 흔적들이다. 오늘을 살고 있는 우리들이 보존하고 관리하여 특성화된 옥가실 마을로 조성할 가치와 의미가 충분히 있어 보인다.

국경 없는 야생화

독일로 전근한 아들집에 간다간다 하다가 해를 넘겼는데 아내의 건강이 회복되면서 자식들의 권고가 잦아졌다. 유럽여행은 몇 번 했으니 문화유물이나 유적 보다는 자연경관과 야생화를 즐길 수 있는 북유럽을 중심으로 한 달 정도의 여행을 시작했다.

프랑크푸르트에서 자동차로 2시간 정도 서북쪽으로 가면 라인강변에 아름다운 전설이 전해 내려오는 로렐라이 언덕이 있다. 그곳은 강의 굴곡이 심하여 W자 모양으로 강이 꾸불꾸불 흐르는 곳이다. W자의 가운데 꼭지 부분에 있는 산봉우리를 로렐라이 언덕이라고 한다. 강과 어우러져 풍광이 아름다운 이곳에서 로렐라이는 고운 목소리로 노래를 자주 불렀다고 한다. 아름다운 노랫소리에 넋을 잃은 뱃사공이 배가 급류에 휘말려 목숨을 잃었다는 전설이 전해오는 곳이다.

언덕이라고 하지만 라인강 수면보다 100m정도 높아 보이는 가파른 바위절벽의 산봉우리이다. 커다란 독일국기가 휘날리는 산봉우리에는 예쁜 로렐라이 조각상이 있고 화물선이나 유람선과 함께 도도히 흐르는 라인강을 내려다 볼 수 있는 곳이다.

로렐라이 언덕 바위 틈에 땅채송화꽃들이 끝이 뾰족한 노란꽃잎 다섯 개를 달고 밤하늘의 별처럼 반짝거리는데 세잎쥐손이풀은 앙상한 줄기에 꽃봉오리가 많이 매달렸지만 꽃은 한 송이만 피우고 있는 모습이 어쩐지 힘겨워 보인다.

독일의 여름 야생화는 종류나 개체수가 많지만 노란색 꽃이 대부분이라는 생각이 든다. 도로나 숲 가장자리의 풀밭에서 자라는 서양고추나물은 멀리서도 쉽게 눈에 뜨일 정도로 노란 꽃이 모여피어 눈부시게 발광한다. 민들레나 고들빼기는 동네길가에서도 산이나 들에서도 노란 꽃을 지천으로 피우고 있다. 미나리아재비나 노란물봉선도 노란 꽃이다.

이름을 아는 꽃도 있지만 처음 보는 야생화를 만나면 아이들처럼 호기심이 발동하여 잎이나 꽃 모양을 살펴보느라 하루 15시간이 넘는 독일의 여름 낮 시간이 짧기만 하다.

암마인에 있는 프랑크푸르트대성당과 유유히 흐르는 마인강을 돌아보면서 성당 앞 광장에 깔아놓은 돌들이 수석壽石처럼 닳고 닳은 모양에서 천년의 역사를 느낄 수 있었다. 근교에서 제일 높다는 펠트베르크Feldberg 산은 높이가 881m나 되는 산이지만 밋밋하게 높아져서 많이 높아 보이지 않는 산이다. 산에 오르는 자동차도로가 사방으로 연결되어 있고 경사도 심하지 않아서 승용차로 산에 오르는데 평지처럼 전연 불편이 없었다.

산 정상에서는 프랑크푸르트 시내가 한눈에 내려다 보이기도하고 주변에는 드넓은 농경지와 울창한 숲이 우거진 산들이 붉은 지붕들이 옹기종기 모여 있는 마을들과 조화를 이루며 아름다운 경관이 끝없이 펼쳐낸다. 산 정상의 넓은 광장주변에는 불꽃씀바귀가 시뻘건 꽃밭을 이루기도 하고, 샛노란 미나리아재비 꽃들이 모여피어 있어 누런 황금방석처럼 반짝거리기도 한다. 잎과 줄기는 코스모스와 비슷하고 꽃모양은 구절초 꽃을 닮은 저먼캐모마일이란 꽃은 처음 보았지만 어쩐지 낯설지 않아 보인다.

네덜란드의 잰드보트는 자동차 경기장으로 유명한 곳이지만 해변에는 북해에서 밀려오는 파도를 타기도하고 부드러운 백사장에서 해수욕이나 일광욕을 즐기는 곳이다. 잰드보트 시내의 길거리 어디에서나 해당화의 독특한 향기로 채워져 있을 정도로 해당화가 많은 지역이기도 하다. 바닷가 길가에는 분홍색 메꽃이 보이기도 하고 기찻길이나 자동차도로 변에는 달맞이꽃이 자주 보인다. 네덜란드는 화훼산업으로 유명하다고하지만 야생화는 많이 보이지 않는다는 생각이 들 정도다.

백야를 볼 수 있고 피오르드로 유명한 노르웨이 관광을 위하여 암스테르담에서 크루스를 탔다. 첫 기항지 퐐람에서 해발 866m나 되는 미르달까지의 철도 20km 구간이 경사가 워낙 급해서 브레이크가 5개나 장착된 특별열차를 타고 오르는 구간이다. 이 구간은 기암절벽과 폭포 그리고 아름다운 호수와 하얀 만년설을 스릴과 신비로움에 감탄사를 연발하며 관광하는 절경이다.

스타방에르에서 가까운 니세피오르드는 높이가 수백미터가 넘는다는 기암절벽을 바다에서 올려다 볼 수 있고 100m가 넘는 높이의 폭포수가 바다로 직접 떨어지는 광경은 내 기억 속에 오래오래 머물 것 같다.

크루스가 정박되어 있는 항구로 돌아오는 길에 할라란이란 마을 입구에 있는 카페에서 따끈한 커피와 즉석구이 와플은 출출함을 달래기에 충분한 별미였다. 바닷가 언덕에 보라색 실잔대 꽃이 수줍은 듯 고개를 숙인 채 미소만 짓고 있다. 줄기에 분홍꽃을 매달고 있는 분홍바늘꽃은 바다 바람에 꽃을 흔들며 배에 오르는 손님들에게 작별 인사를 한다.

늘그막에 야생화에 푹 빠진 나는 한 달이라는 짧지 않

은 유럽여행을 하면서 틈만 나면 산이나 들로 야생화를 찾아 다녔다. 한국에서 흔하게 볼 수 있는 꽃들이 독일이나 노르웨이 등 유럽에서도 자주 보여 야생화는 국경이 없다는 생각이 들기도 했다. 하지만 같은 종種의 꽃인데도 한국에서 보는 꽃보다 깨끗하고 싱싱하며 꽃도 더 곱게 보인다. 토양이나 기후조건의 차이도 있겠지만 공기와 수질오염 때문이라는 생각을 해본다.

우리나라도 비단에 수를 놓은 것처럼 산과 강이 아름답고 깨끗한 금수강산錦繡江山이라고 노래했으며 하늘이 높고 깨끗하기로 유명한 천고마비天高馬肥의 나라이었다. 하지만 맑고 푸른 강물은 색깔을 잃었고 대도시의 하늘은 매연이나 먼지 때문에 반짝이는 밤하늘의 별을 보기가 어려울 때가 많아졌다.

유난히 새파란 하늘에 눈부시게 하얀 뭉게구름과 실바람에 흔들리는 풀잎이 햇빛에 반짝반짝 빛나는 유럽의 여름풍경을 보면서 언제부터인가 잊어버리고 살았던 아름다운 내 고향풍경이 떠오른다. 높고 새파란 하늘과 아름다운 우리의 금수강산이 우리 모두의 기억 속에서 점점 잊혀져가고 있다는 안타까운 생각을 해본다.

- 2017년 1월, 월간 '한국수필' 게재

선배와 후배

6·25전쟁이 끝나고 전후복구가 한창인 1952년에 대학 설립과 함께 개설된 농업토목학과에 처음 입학하여 제1회 졸업생이 되신 대학의 대선배가 있다. 대학뿐만 아니라 직장도 선배님의 뒤를 따라 같은 직장에 입사하여 30년이 넘게 선배님과 함께 근무하다가 먼저 정년퇴직을 하신 형제 같은 선배이시다.

대학과 직장이 같았던 선후배들이 정년퇴직 후에도 정기적으로 만나면서 서로 안부를 묻고 추억을 더듬고 정담도 나누며 20년이 넘게 지내온 모임이 있다. 근래에는 만형처럼 모시던 90세가 넘은 고령의 대 선배님이 모임에 못 나오시는 때가 잦아진다. 전화로 안부를 확인하고 지냈지만 언제 부터인가 연락이 안 되어 매우 궁금하던 때에 이심전심以心傳心이었는지 후배의 주선으로 대 선배님을 모시고 선후배 10여 명이 함께 만나는 자리를 마련하였다. 만나는 장소도 고령의 대 선배님이 편하시도록 선배님 댁 가까이에 정했다.

나는 3시간 정도 걸리는 거리이었지만 학창시절 소풍가는 것처럼 부풀고 즐거운 마음으로 약속장소에 갔다. 대선배님이 먼저 와 게시었다. 반갑게 인사를 하고 자리에 앉으시더니 눈물을 흘리시며 흐느끼신다. 고마움과 감격 때문에 아무 말씀도 못하시고 손수건으로 얼굴을 가리고 훌쩍이신다. 잠시 동안 아무 말 없이 숙연한 분위기가 흐르는 사이 나도 눈시울이 젖어 온다.

이산가족 친형제들이 오랜만에 만나 반가워서 포옹을 하고 눈물을 흘리는 느낌의 분위기이다. 나는 선배님이 우리를 만나면 반갑고 즐거워서 함박 웃으면서 안부를 물어 보실 것으로 생각했다. 하지만 고령의 심약心弱한 노인이 평상시 하루하루를 조용히 지내시다가 오랜만에 후배들을 만나면서 반가움과 함께 충격적인 감격을 감당하지 못하시어 눈물을 보이신 것으로 생각된다. 자주 찾아뵙지 못한 것이 더욱 안타깝고 죄송할 뿐이었다.

잠시 후 분위기는 바뀌어 화기애애하고 즐거운 시간을 보내면서 식사를 끝내고도 시간가는 줄 모르고 상당한 시간을 웃고 즐겼다. 늦게라도 대선배님 찾아뵙기를 참으로 잘 했다는 생각과 함께 자주 만날 수 있도록 해야겠다는 생각도 했다.

식사가 끝나고 선배로서 부족한 것이 많았지만 훌륭한 후배들이 찾아주어 눈물이 흐를 정도로 감격과 고마움을 느꼈다는 말씀도 잊지 않고 하신다. 우리 모두는 선배님의 만수무강을 기원하며 박수를 쳤다.

추억만 남은 금강의 생태

고향마을 금강 주변의 산들은 옛날 모습 그대로 아름다운 풍광을 보여주지만 강 주변의 미루나무들의 물그림자가 비단처럼 반짝이며 유유히 흐르던 맑고 깨끗한 강물은 보이지 않는다. 검푸르고 칙칙한 호수물만 출렁출렁 맥없이 춤을 춘다. 어린 시절 벌거벗고 뛰어 놀던 강변의 하얀 모래사장은 흔적조차 없어졌고 강 주변의 생태환경은 옛날모습을 찾아 볼 수도 느낄 수도 없다.

고향마을 앞 금강이나 샛강에서는 붕어나 메기 등 토박이 물고기도 많았지만 옆구리가 노란 복쟁이복어의 일종인 황복의 방언이나 웅어우여가 잡혔고 황갈색의 재첩조개도 많았다. 물가의 갈대밭에는 조그만 갈게도 살았고 샛강의

버드나무 밑에 웅덩이에는 어른장딴지만한 가물치도 볼 수 있었다. 여름에 비가 많이 오면 산골짜기에서 내려오는 벌건 흙탕물 따라 샛강으로 올라오는 메기나 잉어를 통발 비슷한 가리栓나 그물로 잡았지만 맨손으로도 쉽게 잡을 정도로 물고기가 많았고 종류도 다양했다.

벼가 누렇게 익어가는 가을에는 샛강가에 있는 낮은 논의 물꼬에 하얀 사금파리를 깔아 놓고 어두운 밤에 횃불을 밝히고 있으면 흘러가는 논물 따라 살금살금 기어 내려오는 참게를 집어서 양철통에 넣기만 하면 된다. 손바닥 만 한 참게를 간장게장도 담아먹었고 무와 함께 고추장 풀어 지져먹기도 했다. 겨울에는 논이나 밭에 수백 마리가 떼를 지어 내려앉는 청둥오리를 어른들은 올가미로 잡기도 했다.

양지바른 논두렁에 냉이나 쑥이 생기가 돌기 시작할 무렵이면 황복들이 백리 길도 넘는 민물에 알을 낳기 위하여 바다에서 강물 따라 금강 상류로 올라간다. 언제부터인가 우리 선조들은 갈대를 역어서 만든 V자 모양의 어살로 이 황복을 잡았는데 하루에 몇 바지게씩 잡아 나르던 어른들의 모습을 백사장에서 신기한 듯 구경하며 뛰어 놀던 소년시절의 아름다운 기억이 생생하기만 하다.

가마솥에 들기름으로 살짝 데친 후 고추장 풀고 갖은 양념으로 끓인 '복쟁이국황복매운탕'의 구수하고 시원한 국물 맛이나 부드럽게 씹히는 고기의 독특한 맛은 잊을 수 없는 감동이었다. 70년대까지만 해도 충남 강경 황산나루터에 '복쟁이국황복매운탕'의 전통적인 맛을 느낄 수 있던 '황산옥'이 있었지만 금강에서 황복이 잡히지 않으면서 전통적 맛을 내는 식당도 점점 사라져 가고 있다.

금강에서 잡히는 은백색의 웅어위여는 갈치처럼 몸이 얇은 편이지만 몸길이가 30~40cm 정도로 갈치보다는 작았다. 뼈까지 숭덩숭덩 썰어 미나리 등 야채와 함께 식초와 고추장 등 양념으로 버무린 '우여회무침'은 고소하면서 뼈까지 씹히는 식감이나 맛이 신비스러울 정도로 독특하여 옛 날에 먹었든 생각만으로도 입안에서 침이 솟구쳐 나올 정도로 맛이 그립기만하다.

금강은 반만 년 우리역사 속에서 백마강이라는 이름으로 백제의 왕도 부여를 품에 안고 흥망성세를 지켜보던 강이었다. 비단 금錦 자에 물 강江 자를 쓸 정도로 비단같이 아름답고 깨끗한 강물이 흐르던 강이었고 수없이 많은 생명체들이 사람들과 함께 숨 쉬며 살았던 강이었다. 강의 생명은 흐름에 있지만 흐름을 멈추었고 30여 성상이나 지났으니 강물은 생명을 잃은 듯 말이 없다.

국립 물 홍보관

우리나라는 옛날부터 물이 깨끗하고 물맛도 좋아 대부분의 지역에서는 우물이나 샘물이 아니라도 개울물이나 강물을 자연 그대로 직접 먹어도 될 정도로 축복받은 나라이었다. 하지만 50~60년 전부터 인구가 증가하고 산업이 급속도로 발전하여 경제가 성장하고 생활수준이 높아지면서 물 소비량이 증가하고 수질이 오염되는 등 물 관련 환경이 급격히 악화되었다. 물은 햇빛과 공기와 땅과 함께 사람을 비롯한 모든 생명체들의 생명유지에 대체代替할 수 없는 필수요소이므로 오늘을 사는 국민 모두가 물에 대한 정확한 정보나 중요성을 확실히 알아야할 필요가 있다.

7~80년대까지도 생활하수나 공장폐수의 무분별한 방류로 강물이 오염되어 생태계가 파괴되고 악취에 시달리기도 했었다. '90년부터 관련법 제정 등 법적 제도적인 장치가 수립되면서 오폐수배출규제와 더불어 오염원이나 하천 · 호수의 수질관리가 이루어지고는 있지만 30년 가까이 지난 현재도 주요하천의 수질관리 목표기준이 Ⅲ급수지역이 적지 않으며 아직도 Ⅳ급수지역도 있다. 분리하수시설이 없는 마을이나 지역은 물론 지천이나 소하천은 더 심각한 곳이 많다.

대부분의 국민들은 본인 자신이 수질을 오염시키고 있다는 것을 의식하지 못하거나 모르고 있는 국민들이 대부분이다. 비록 안다고 해도 수질오염방지에 대한 본인의 구체적 역할이나 행동 요령에 대하여는 모르는 사람이 대부분이라고 생각된다. 국민들의 적극적인 참여 없이 정부나 지자체가 수질오염을 규제하고 수질개선시설을 확장하는 것만으로는 오염된 강물이나 하천생태를 복원하는 데는 한계가 있어 보인다.

오폐수발생량의 60%가 가정에서 버리는 생활하수라고 하지만 국민 대부분이 물에 대한 특별한 관심도 없으며 습관적 또는 무의식적으로 물을 낭비하고 오염시키고 있는 것이 현실이기 때문이다. 정부와 국민 모두가 수질오염방지에 의도적으로 적극 참여해야 강이 다시 살아날 수 있을 것이다.

물은 스스로 깨끗해지는 자정작용自淨作用 능력이 있다. 소주 한 병을 물의 자정작용으로 깨끗하게 희석시키려면 5,100 *l* 25.5드럼의 물이 필요하고 식용유 한 스푼을 자정시키려면 2,000 *l* 10드럼의 물이 필요하다고 한다. 무심코 버리는 음식이나 생활쓰레기가 수질오염에 미치는 영향이 얼마나 심각한지를 보여주는 숫자들이다. 한편 우리가 사용하는 물을 5%만 절약한다면 대청댐우리나라 댐 총저수량 순위 3위을 하나 더 건설하는 효과가 있다. 우리나라의 총수자원이용량의 62%를 농업용수로 사용하지만 농민이 물값을 내지 않는 제도는 물 절약 측면에서는 개선이 필요한 부분이기도 하다.

어린이를 포함한 국민 모두에게 물을 절약하고 오염된 강을 살려야 되겠다는 동기부여가 필요하다. 강물이 오염되는 원인이 무엇이며 오염되는 과정이나 오염된 강물이 사람에 미치는 직접 또는 간접적 피해와 영향을 피부에 느낄 수 있도록 쉽고 상세하게 국민들에게 알려주어야 한다. 일상생활에서 물을 어떻게 절약하고 수질오염을 방지하는 구체적 행동요령도 어린아이부터 고령의 노인들까지 상세하게 가르쳐 주어야 한다. 인간은 물론 모든 생물이 생명유지에 꼭 필요한 물의 순기능과 역기능, 그리고 물의 경제적 사회적 역할과 가치 등도 자세하게 알아야 한다.

강물만이라도 50~60년 전의 모습으로 되살려 놓으면 옛날에 서식하던 동·식물의 생태도 다시 살아나고 강과 관련된 문화와 예술도 복원될 수 있을 것이다. 강물을 살리는데 시간이 걸리겠지만 먼저 모든 국민들에게 물에 대한 교육과 홍보부터 시작해야 한다.

대형 댐이나 하구둑 등 수자원확보 시설과 규모가 큰

상수도정수장이나 하수종말처리장 등에는 대부분 자체 시설의 기능이나 규모 등을 홍보하는 홍보관이 있다. 이들 홍보관을 자체시설의 홍보뿐만 아니라 물과 관련되는 모든 분야를 포함하는 '국립 물 홍보관'으로 활용하는 것도 한 방법일 수 있다. 정부주관으로 분야별 전문가들로 구성된 물 관련 홍보물 제작팀을 구성하여 물 관련 홍보물을 국민 누구나 쉽게 이해할 수 있도록 공동으로 제작하여 '국립 물 홍보관'에서 활용할 필요가 있다.

물에 대한 과학기술분야 뿐만 아니라 물과 관련된 문화와 예술분야도 발굴하여 물에 대한 모든 것을 아주 쉽고 구체적으로 보고 배우고 체험하면서 호기심과 흥미를 유발시킬 수 있는 '국립 물 홍보관'을 국가 차원에서 설립하여 운영하면 물 절약과 수질오염문제는 물론 다양한 물 관련 산업 발전의 초석이 되어 국가 경제 발전에도 크게 기여될 것이다.

변산바람꽃

긴 긴 겨울 끝자락에
비몽사몽으로 눈만 껌벅거리던 벌
코끝 스쳐가는 꽃향기에 큰 눈이 더 커진다.

팔다리 흔들어보고 날개도 저어 본 후
겨우내 주린 배를 움켜쥐고 향기 따라 꽃을 찾아가면
와줘서 고맙다며 방끗 웃는 변산바람꽃

꽃도 알고 벌도 아는 자연의 섭리라지만
사람은 알 수 없으니 순리順理가 답이다.

-2016년 2월

옥잠난초(경기, 광교산)

만주바람꽃(경기, 예봉산)

삶 _ 감사

감사하면 감사할 일이 또 생긴다고
믿고 사는 것도 삶의 지혜이리라.

들현호색꽃(충남, 옥가실)

꼬깔제비꽃(경기, 광교산)
큰꽃으아리꽃(충남, 옥가실)
앵초(충남, 옥가실)
붓꽃(경기, 광교산)
수련(충남, 궁남지)

해당화(경기, 시화호)

누런하늘말나리꽃(경기, 광교산)

동자꽃(경기, 화악산)

들바람꽃(경기, 뾰루봉)

뻑국나리꽃(충남, 성거산)

매화(서울, 창경궁)

화려하지는 않아도 뚜렷한 색깔과 심오한 향기를 풍기어
길손들의 발걸음을 멈추게 하는 야생화 같은 글을 쓰고 싶다.

세월

핏빛 붉은 서녘에서 잉태되어
동틀 무렵 동녘에서 탄생하는 해님이 세월인가
강물처럼 흐르는 세월이라지만
강물은 굽이치고 솟구치며 가는 곳이 바다인데
세월이 흘러가는 곳은 하늘인가 뭍이던가

사랑이 눈에 보이던가
정情이 귀에 들리더냐
보이지도 들리지도 안으면서 느낌뿐인 세월인데
인생을 웃기고 울린다며 한탄만 하는구나
세월없는 인생은 허공에 뜬 구름일터
세월아
두말 말고 내 품에서 같이 살자구나.

- 2016년을 보내며

감사

정년퇴직하고 전원생활이 노후의 건강관리에 도움이 될 것 같아 칠갑산 자락 두메산골에 밤나무가 100여 주 있는 시골집 하나를 구해서 밤농사를 지었다. 밤농사는 물론 농사일을 해 보지 않았지만 자연 속에 묻혀 산다는 생각으로 부담 없이 시작했다.

밤농사는 다른 과수 농사에 비하여 작업이 단순하다고 하지만 이른 봄에 가지치기를 하고 가을에 수확하는 일이 주요한 일이다. 밤 수확은 짧은 기간에 집중적으로 해야 하기 때문에 몸은 고달프지만 수확의 기쁨을 맛볼 수 있는 일이기도하다. 농사 짓는 시골생활은 낭만적이기도 하지만 익숙하지 못하고 자연과 함께하기 때문에 크고 작은 사고나 위험에 노출되는 경우도 많이 있다.

밤 밭에서 밤나무 가지치기를 하면서 떨어지는 나뭇가지에 얻어맞거나 발에 걸리어 넘어진 것도 여러 번이다. 수확한 밤을 운반하다 미끄러져 넘어진 것이 한 두 번이 안이었다. 여름에 풀이 많은 밤 밭을 다니다 독이 있는 뱀을 만나기도 하고 땅벌이나 쏘이면 죽을 수도 있는 커다란 말벌들도 가끔 눈에 뜨인다.

농사일 뿐만 아니라 사람이 살아가면서 누구나 크고 작은 사고를 헤아릴 수 없이 만나지만 그 때마다 크게 다치지 않았던 것은 내가 철저하게 조심했기 때문만은 안이며 누군가가 보호해주고 도와주었기 때문이라고 생각되어 감사하며 산다. 원망하며 사는 것 보다는 감사하며 사는 것이 마음이 편하고 기분도 좋아 행복지수를 높여주기 때문이다.

시골에서 살다 보면 집 주변이나 인근 산자락에서 계절따라 보고 즐길 수 있는 야생화들이 많다. 바위틈에 뿌리를 내리고 사는 매화말발도리 꽃도 피고 꽃잎이 하얀 으아리 꽃이나 연분홍 꽃을 피우는 앵초도 집 주변 산에 살고 있다. 새댁처럼 곱고 예쁜 각시붓꽃은 초여름에 피지만 짙은 향기를 뿜어내는 구절초 꽃은 가을의 대명사다. 이런 야생화들을 찾아다니다 보면 눈이 야생화에 집중되기 때문에 발 거름을 조심한다고 하지만 발을 헛디디어 개울이나 수렁논에 빠지기도 한다.

나뭇가지에 얼굴이 긁히기도 하며 칡덩굴이나 잡초에 거려 넘어지기도 한다. 그럴 때마다 이보다 더 크게 다치지 않았으니 '감사합니다'라고 버릇처럼 말하며 산다. 그러면 대부분 다친 부위의 고통도 사라지고 기분도 전환되기 때문이다.

집 마당의 울타리에 더덕꽃이 피어서 사진을 찍는다. 수업시간을 알려주던 학교 종처럼 생긴 더덕꽃은 꽃이 땅을 향해 피기 때문에 카메라를 하늘 쪽을 보며 찍고 있었다. 사진의 구도에 열중하다가 발을 헛디디어 2m 정도 되는 돌담을 몇 바퀴 굴러 개울물에 머리가 쑤셔 박히는 일이 있었다. 금속으로 된 카메라 귀퉁이가 돌에 부딪치어 찌그러질 정도의 충격이었지만 나는 아무데도 다치지 않았다. 누군가가 나를 감싸주지 않고는 다치지 않을 수 없는 상황이었다. 감사하고 또 감사할 뿐이었다.

이른 봄에 밤나무의 겨울눈에 싹이 트기 전에 밤나무 가지치기를 한다. 가치치기를 한 밭에 흩어진 작은 밤나무가지들을 치우는 일은 어려운 일은 안이지만 익숙하지 못한 나는 힘들고 어설프기 짝이 없다. 땀을 뻘뻘 흘리며 나뭇가지를 한 아름씩 안아서 한쪽으로 치우는데 갑자기 눈이 침침하다. 이상하다는 생각에 눈을 만져보니 쓰고 있던 안경이 없어졌다. 치우던 나뭇가지에 안경이 걸려 어디론가 튕겨져 나간 것 같다.

땅바닥에는 지난 가을에 떨어진 밤나무 잎사귀가 발목까지 수북하게 쌓여있어 안경을 쉽게 찾을 것 같지 않았다. 안경이 떨어진 곳이 이쪽인지 저쪽인지 알 수도 없다. 지난 성탄절에 딸이 선물로 맞춰준 안경인데 찾다가 밟기라도 하면 어쩌나 하는 걱정도 된다. 몇 년 전 늦가을에 아버지 산소에 성묘 갔다가 누런 안경테의 안경을 잃어버리고 고생했던 기억이 떠오를 정도로 난감하기만 하다.

안경이 튕겨 나갈만한 범위로 밭과 개울에 쌓여있는 가랑잎을 손으로 더듬더듬 더듬어 찾아보기도 했고, 나뭇가지로 가랑잎을 하나씩 하나씩 뒤적이며 찾아보기도 했지만 안경을 찾을 수가 없다. 마냥 안경만 찾고 있을 수는 없으니 비상시에 사용할 수 있도록 자동차에 보관한 헌 안경을 찾아 쓰고 가지치기한 잔가지들을 모두정리하고 오후에는 일이 있어 서울로 올라왔다. 10여 일간 서울에서 이런저런 일을 마치고 안경도 찾아야하지만 밤나무에 비료도 주어야 되기 때문에 다시 시골로 왔다.

가축의 분뇨를 가공하여 만들었다는 유기질비료를 밤나무 밑에 뿌리다가 양지바른 개울언덕에 핀 보라색 제비꽃과 눈이 마주친다. 저녁에는 아직 영하의 추위인데 꽃을 피웠으니 대견하고 깜직하다는 생각이 들었다. 휴대폰으로 제비꽃을 담으려고 가까이 가서 꽃과 햇빛 방향을 살피고 있는데 무엇인가 햇빛에 번쩍한다. 자세히 보니 일어버린 안경이 제비꽃 옆에 낙엽 사이에서 방긋방긋 웃듯이 반짝거린다.

지난번에 몇 번을 더듬고 뒤적여 본 곳이다. 꼭 누군가 안경을 잘 보관하고 있다가 살며시 제비꽃 옆에 갖다 놓은 것 같다. 나도 모르게 감사, 감사, 감사를 연발하였다.

계단을 내려가다가 넘어져 다친 것을 재수가 없다거나 남을 탓하는 사람도 있지만 더 크게 다칠 수도 있었는데 그만하니 다행이라며 감사하는 사람도 있다. 탓하고 원망하는 사람보다는 매사에 감사하는 사람이 행복지수가 더 높을 것이다. 감사하면 감사할 일이 또 생긴다고 생각하는 것도 삶의 지혜이리라.

오늘 같은 내일

사랑하는 당신과 화촉을 밝히고 미래를 약속하던 우리의 결혼식이 벌써 50년이 넘었네요. 하얀 드레스를 입고 아버님의 손을 잡고 음악에 맞추어 한발한발 걸어오는 당신은 꽃이요 나비 같은 천사의 모습이었던 것이 지금도 똑똑히 떠오릅니다.

오랜만에 당신에게 쓰는 편지라 만감이 교차하고 감개가 무량하네요. 우연한 우리의 첫 만남은 반세기가 지난 이야기지만 그때의 당신의 모습은 아직도 기억에 너무 생생하고 감동적이라 지금도 소년 같이 가슴이 퐁당거리기까지 합니다.

종아리가 조금 보이는 짧은 치마에 연분홍 블라우스를 입은 갈래머리의 아름다운 천사였지요. 화장도 하지 않은 티 없이 뽀얀 얼굴에 볼그스레한 입술과 맑고 빛나는 눈동자는 그림처럼 뚜렷하여 꽃보다 더 아름다운 미인이었지요. 오십 년의 세월이 지난 이야기이네요. 흐르는 강물처럼 세월이 흐르고 또 흘러서 어느덧 우리는 '할멈과 할배'가 되었지만 당신은 아직도 아름답고 고운 미인임에 틀림없어요.

나는 복 받은 사람이지요. 당신을 만난 것이 고맙고 감사할 뿐이지요. 그런데도 흔하디흔한 '사랑해요'라는 말을 왜 그렇게도 아꼈을까? 말은 아꼈어도 사랑하는 마음은 부족함이 없었다고 생각하지만 그래도 아쉽고 후회스럽기만 합니다. 우리 할멈 사랑합니다~.

반백 년이란 짧지 않은 당신과의 삶을 돌이켜 봅니다. 꿈과 노력으로 많은 성취가 있었지만 때로는 실망과 아쉬움이 있기도 했지요. 인내하며 살았지만 분노하고 충돌할 때도 있었고요. 크고 작은 병마에 시달리기도 했지만 잘 견디어 아직은 우리의 건강에 큰 어려움이 없지요. 환희와 웃음으로 살았지만 슬픔과 쓰라림도 있었어요.

적지 않은 세월을 당신과 함께 살면서 만고풍상萬古風霜을 겪었고 희노애락喜怒哀樂을 같이 느끼고 견디며 살아온 우리부부지요. 힘들고 슬픈 시간이 없지는 않았지만 즐겁고 기쁜 시간이 훨씬 많았던 축복 받은 부부로 행복하게 살았으니 은혜에 감사하고 또 감사할 뿐이지요. 사랑하는 당신! 고맙고 감사합니다.

원칙과 현실을 따르려는 나와 지혜와 융통성을 중시하는 당신과의 삶은 힘들고 어려움도 있었지만 사랑으로 융합되어 행복하고 성공한 부부라고 자부합니다. 서로 대화하고 이해하려는 노력이 있었기 때문에 가능했지요. 삶의 완벽은 끝을 의미하므로 부족함이 삶의 생명이라 생각 합니다.

남아 있는 여생도 손을 맞잡고 서로의 부족함을 채워주며 지혜롭고 원숙한 삶으로 살아갑시다. 자식들도 최고는 아니지만 본인들이 원하는 삶을 열심히 살고 있으니 감사하고 열여섯 명의 자손들이 모두 건강하게 잘 자라고 있으니 축복이고 은혜지요. 모두 다 당신의 기도와 훌륭한 인성교육 덕분이라 생각하니 더욱 감사하고 고맙기만 하네요. 금혼식을 넘기며 살았는데 더 바라는 것은 욕심일 터이니 오늘 같은 내일을 베풀어 주시기를 간절히 기도합시다.

여보 사랑해요~~

2014년 11월 29일

결혼 50주년에

당신을 사랑하는 남편이

구심력求心力

만바위라는 마을에서 인정이 넘치고 화목하기로 소문난 남평문씨 댁 맏딸로 태어난 어머니는 16세의 나이에 동갑내기 아버지와 결혼하시어 강 건너 마을로 시집을 오시었다. 아버지와 어머니는 시골 사람이었지만 지혜롭고 근면 성실하시었으며 항상 부모님의 뜻을 거스르지 않고 즐겁고 편안하게 모시었던 효자부부이시었다.

아버지는 동지 섣달 긴긴 밤에 늙으신 할머니와 할아버지의 무료함을 달래 주시기 위하여 희미한 등잔불 밑에서 심청전이나 흥부전을 창唱을 부르듯 큰 목소리로 곡을 붙여 읽어 드리는 것을 보면서 나는 자랐다. 아버지가 읽어드린 책들은 몇 년을 계속 반복해서 읽어 드리다 보니 책표지가 닳기도 하고 찢어지기도 했었다. 소설의 중요 대목은 물론 책의 대부분을 외우고 계실 정도였다.

5일마다 서는 부여장날에는 소고기며 생선들을 사다 할아버지와 할머니 입맛을 돋우어주시었다. 장마당에서 만난 일가친척들의 소식은 물론 쌀값을 비롯한 중요한 물건들의 가격이나 시장상황을 할아버지와 할머니에게 자상하게 말씀해드리는 효성이 지극한 아버지였다. 어머니는 인자하시고 정이 많으시고 과묵하시었지만 자식들의 인성교육에는 철저했다. 사람은 정직하게 살아야 하며 부모에 효도해야하며 형제간에는 우애로 살아야 한다고 침이 마르도록 가르치시었고 또 몸소 행하시기도 했다.

회갑도 안 되신 아버지가 갑자기 위암으로 소천하시면서 어머니는 시골집에서 큰형님과 함께 농사일도 도우시며 건강하게 사시었다. 나이가 드시면서 차츰차츰 꼬부랑 할머니가 되어가는 모습을 보면서 가슴이 아프기도 했지만 큰 병치레는 않으시며 사시었다. 늙으신 어머니 때문에 시골 고향집을 자주 가서 어머니 문안도 드리고 때로는 여름휴가를 시골서 보내며 형님 농사일도 도와드리기도 했다. 어머니는 찾아오는 자식들을 언제나 반갑게 맞으시며 안아 주시기도하고 즐겁고 행복해하시었다. 휴가가 끝나고 집으로 올라올 때는 바리바리 싸주시며 차 조심 건강 조심을 당부하시며 아쉬움의 눈물을 훔치시기도 하신다. 어머니는 87세 되던 겨울에 천수를 누리시다가 자손들이 지켜보는 가운데 시골 우리 집에서 아버지 곁으로 떠나시었다.

어머니가 돌아가시고 두 달 후에 맞는 음력설이었다. 해마다 명절 때면 그랬지만 이런 저런 선물보따리와 시골에 내려가면서 먹을 간식거리까지 준비하여 아이들과 함께 이른 아침에 출발하여 시골집으로 내려갔다. 시골집에 도착하자 큰형수님이 버선발로 마당까지 나오시며 반겨주시고 형님이나 조카들도 모두 반갑게 맞아 준다. 작은형 가족들은 먼저 도착하시어 우리 3형제 가족들이 모두 모였다. 큰형수님 주관으로 여자들은 설날의 제사준비나 음식준비에 모두 손길이 바쁘고 남자들도 집안 청소며 농기구 정리 등 한해의 마지막이 분주하다. 열 명이 넘는 조카아이들은 오랜만에 만나서 윷놀이도하며 웃기도 하고 울기도하고 시끌벅적한 잔칫집 분위기다.

즐겁고 분주한 집안 분위기였지만 어쩐지 집안에 허전함이 가슴에 밀려온다. 어딘가 텅 비어 있는 느낌이고 누군가 꼭 있어야 할 사람이 없는 것 같은 느낌이다. 크고 작은 행사 때나 명절 때마다 직접 준비도 하시고 점검하고 지휘하시던 어머니 모습이 떠오르기는 하지만 보이지는 않았기 때문이었다. 어머니는 방에 앉아만 계시어도 우리 형제들의 몸과 마음이 어머니를 향하게 하는 강한 구심력求心力이 작동되었다. 그 에너지는 어머니가 살아 계실 때에만 느낄 수 있는 생존의 힘이었고 존재의미이기도 했었다. 누구도 그 역할을 대신할 수 없는 내 어머니만의 모성애에서 분출되었던 텔레파시를 느낄 수 없기 때문에 생기는 공허감이리라. 평상시 어머니가 살아 계실 때에도 어머니의 존재의미를 모르고 살아온 것은 안이었지만 어머니가 소천하신 후에 처음 맞는 설날에 어머니가 계시던 자리가 한없이 넓고 포근했음을 가슴으로 느끼며 머리를 떨구었다.

췌장암의 경험

산자락에는 꽃분홍색 철죽꽃이 만발하고 알록알록한 보라색 각시붓꽃이 피는 봄이었다. 회사에서 정기건강검진을 하고 며칠 후에 병원에서 의심스런 부분이 있으니 재검사 가 필요하다는 통보가 와서 복부CT촬영을 했다. 하지만 특별한 지병이 없었기 때문에 건강검진을 해마다 했어도 별다른 관심이 없었던 것처럼 재검사를 한다고 해도 특별한 관심이 없었다. 2~3일 후에 CT촬영 결과를 보러 병원을 찾은 나에게 의사가 췌장에 혹이 있는 것으로 보이는데 큰 병원에 가서 정밀검사를 한번 받아보시라고 한다. 무슨 병이냐고 물어 보았더니 확실하지는 않지만 췌장암인 것으로 추정되므로 정밀검사가 꼭 필요하다고 설명한다.

병원에서는 나름대로 암환자로 결론을 내린 것 같았다. 병원 의사나 직원들이 동정하는 눈으로 나를 바라보고 있다는 느낌을 받으면서 병원 문을 나와 회사로 간다. 차를 운전하는 운전기사도 백미러로 나를 힐긋힐긋 살펴보면서 운전을 한다. 하지만 나는 전연 아프지도 않았고 몸에 별다른 느낌이나 변화가 없었기 때문이었는지 의사의 말에 실감이 나지 않았다.

췌장암 선고를 받은 나는 회사로 가는 승용차 안에서 여러 가지 생각이 스쳐간다. 의사의 말이 맞는다면 죽음이 내 앞에 와 있구나 하는 생각에 이른다. 하지만 두렵지도 않았고 놀라거나 걱정보다는 오히려 차분해지면서 무엇을 어떻게 해야 하는지를 생각하며 회사에 도착했다. 의사의 말에 신뢰가 가지 않아서인지 몸으로 병의 징조를 느끼지 못해서인지 전연 마음에 동요나 기분의 변화도 없이 회사에 도착한 나는 아무 일 없었다는 듯이 평상시와 다름없이 업무를 처리하고 퇴근했다.

내가 환자라는 것을 몸으로 느껴지지도 않았고 확인되

지도 않았기 때문에 가족이나 친구에게도 말하지 않았다. 며칠이 지나면서 암으로 추정된다는 의사의 말이 자꾸 머리에 떠오른다. 만일 내가 암에 걸렸다면 죽는 것인데 죽는다면 죽기 전에 내가 할 일은 무엇이며 어떤 대비가 필요한지를 생각하기 시작했다. 하지만 평상시와 똑같이 태연하게 일상생활도 하였고 출근하며 업무처리도 하였다.

갑자기 내가 죽는다는 문제에 부딪치어 받는 정신적 고통보다 더 큰 고통은 없을 것이다. 불안과 초조는 물론 무엇을 어떻게 해야 하는지 정리도 안 되고 정신이 혼미해지기까지 한다. 식욕도 떨어지고 편안한 잠을 잘 수도 없었다. 길지 않은 기간이었다고는 하지만 인간이 견디기 힘든 정신적 고통을 견디며 적막한 죽음의 질곡을 헤매었다. 10여 일을 죽음에 대하여 차분하고 심각하게 생각하고 고민하고 또 고민하여 얻은 결론은 '내가 지금 죽어도 별 문제가 없다'는 결론이었다.

살아야 하겠다는 의욕은 물론 생각도 떠오르지도 않았

었다. 치료하거나 살 수 있는 방법을 찾을 생각도 하지 않았다. 그저 암에 걸렸으니 죽을 수밖에 없다는 생각뿐이었다. 죽은 후의 가족문제나 내 신변정리 등에 대하여만 고민을 했을 뿐이다.

결국 나는 지금 죽어도 특별한 문제가 없다는 결론에 이른 것이다. 죽어도 된다는 결론을 내리면서 2주 정도 깊숙이 가라앉았던 내 마음은 홀가분해진다. 정신이나 생활이 정상적 궤도로 완전히 회복되었다.

어머니가 생존에 계시니 부모님보다 먼저 세상을 떠나는 것은 불효이긴 하지만 죽고 사는 것은 하늘의 뜻이라 내가 어찌할 수 없고, 연로하신 어머니 봉양문제는 큰 형님이 잘하고 계시다. 아내는 살만한 집이 있고 자식들이 있으니 어렵겠지만 살아 갈 수 있을 것이다.

3남 1녀의 자식들 중에서 큰아들과 딸은 결혼을 했었고 나머지 아들 둘은 대학 졸업하고 직장생활을 하고 있으니 기회가 되면 아내가 결혼시키면 된다.

내가 갚아야 할 채무가 있거나 내가 받아야 할 채권이 있는 것도 아니고, 가지고 있는 부동산 등 재산이 많아 자식들에게 분배를 하거나 정리해야 할 일도 없었다. 직장에서도 내가 없다고 무슨 문제가 생길 것도 없으니 나는 지금 죽어도 괜찮겠구나 하는 생각으로 내 마음이 정리된 것이다.

사람은 누구나 죽음 앞에서 본능적으로 살려는 의욕이 있고 삶에 대한 애착이 있기 마련이다. 하지만 당시에 아무런 저항 없이 내가 죽음을 받아들였던 것은 1960년대 후반에 위암 판정을 받은 50대 중반의 아버지를 살려보려고 전주에 있는 예수병원에서부터 당시 서울에서 제일 크고 유명한 메디컬센터을지로 6가까지 찾아가 유명하다는 의사들도 만나보았고 수술도 받아 보았다. 결국 아버지의 위암 발견부터 숨을 거두시기까지의 과정을 뼈아프게 지켜보면서 암이 어떤 병이고 암이라는 병에 걸리면 죽음을 피할 길이 없다고 내 머릿속에 각인되어 있었기 때문이었다는 생각을 해 본다.

2주 정도의 고민과 갈등을 정리하고 편안한 마음으로 서울 풍납동 아산병원에 가서 전후 사정이야기를 했다.

췌장전문의사 김주환 박사가 CT필름을 보더니 암 덩어리가 이렇게 크면 지금까지 살아 있을 수가 없으니 암은 아닌 것 같다. 하지만 정밀검사가 필요하니 입원하여 검사를 하자고 했다. 10여 일 넘게 입원하여 정밀 검사한 결과도 암이 아닌 물혹인 것으로 판명되었다.

쥐덫에 꼬리가 걸린 쥐처럼 불안하고 초조했던 내 마음은 회오리바람에 가랑잎 날라 가듯이 하늘로 날아가 버렸다. 암은 아니지만 악성 종양으로 변화될 수 있다는 의사의 권고에 따라 계속 관찰하면서 7년 정도가 경과한 후에 변화의 징조가 나타나 물혹 제거수술을 하고 15년이 지났지만 오늘도 아무런 변화 없이 지내고 있다.

당시에 의식적으로 마음을 비우려 하지 않았는데도 마음을 비운 상태로 살려는 생각은 안하고 죽어도 문제가 없다는 방향으로 결론을 내렸던 것은 하늘의 뜻이었는지 조상들의 보살핌이었는지 우연이었는지는 확인할 수 없지만 그렇게 마음의 결정을 인도해 준 것을 지금도 감사하고 또 감사하게 생각하며 살고 있다.

사람이 살면서 가장 큰 공포가 죽음일 것이다. 그런 죽음에 저항하지 않고 수용하면서 죽음을 한 번 경험한 결과가 되었다. 결국 나는 죽음을 경험하면서 완벽하지는 않았을 지라도 상당 부분 죽음의 공포에서 벗어날 수 있었다. 췌장암으로 죽어 본 경험을 하고 나서 내 인생은 전화위복되었다는 생각도 한다. 일상생활을 하면서 욕심을 버리고 순리에 따를만큼 마음이 편안해졌고 삶에 자신감도 높아지고 불필요한 불안감도 사라지는 것을 느끼며 살고 있기 때문이다.

어머니 생신 100주년

시부모님을 모시고 살면서 여섯 자식을 양육한 어머니는 가족들의 옷가지도 대부분 손바느질로 만들어 입혔다. 손빨래를 해서 숯불다리미로 다렸고 옷 수선도 직접 바늘로 했다. 명절 때면 제사음식은 물론 찾아오는 일가친척들 대접할 음식을 준비하느라 밤이 짧았다. 시작도 끝도 없는 그 많은 일을 어떻게 해 냈는지 상상이 안 될 정도다. 그런 시대였다고는 하지만 어머니는 분명 슈퍼우먼이시었다.

환갑도 되시기 전에 아버지가 돌아가시어 홀로 되신 어머니는 시골에서 형님과 함께 사시면서 평생 자식들 뒷바라지만 하시었다. 어머니가 서울에 올라오실 때나 내가 시골을 가서 어머니를 만날 때마다 세월과 함께 어머니가 점점 늙어 가신다는 생각은 했지만 달리 어떤 마음을 쓰지도 않았다. 몸에 좋다는 건강보조 식품이나 옷가지를 사다드리는 것이 효도라고 생각하며 살았을 뿐이다.

가끔 아프신데 없는지 어머니에게 여쭈어보면 허리가 좀 아프지만 걱정할 정도는 아니라고 하신다. 나이가 드시니 늙어가는 과정이려니 하며 대수롭지 않게 생각했다. 그렇게 몇 년이 지나면서 어머니는 허리가 차츰 차츰 더 구부러지신다. 그래도 여전히 농사일도 하시었고 활동에 지장이 없어 보여 특별한 관심을 갖지도 않았다. 이런 저런 일 때문에 1년여 만에 시골에 가서 만나본 어머니는 구부러진 허리가 더 구부러져 꼬부랑 할머니로 보였다. 어머니의 구부러진 허리를 처음 본 것처럼 몹시 속상하고 가슴이 아팠다.

척추와 허리 주변 근육의 퇴행성 변화와 노인성 골다공증 때문이지만 고령의 노인이시고 생활이나 활동에 크게 지장이 없으니 걱정하지 않아도 된다는 의사의 소견이었고 별다른 처방도 없다. 아프면 침쟁이한테 침이나 맞는 시대였다고는 하지만 처음 허리가 불편하시다고 하실 때 바로 병원에 모시고 가지 못했던 것이 크게 후회되었고 어머니에게 큰 죄를 지었다는 생각뿐이었다.

어머니를 여의고도 오랜 시간이 지나면서 내 머리칼이 허연 노인이 되었지만 지금도 허리가 많이 굽은 할머니를 길거리에서 만나면 돌아가신 어머니 생각에 고개가 저절로 숙여지고 가슴이 아프다. 어머니에 대한 죄책감이 내 가슴 한가운데 항상 웅크리고 있기 때문이리라.

어머니는 허리는 구부러지시었지만 크게 어려운 병치레도 않으시었고 농사일도 하시며 87세까지 사시었다. 자식들과 함께 사시었지만 어머니는 아버지가 안 계신 외로운 30년이었다. 즐겁고 기쁜 날도 있었겠지만 돌아가신 아버지 생각에 허전하고 쓸쓸할 때가 얼마나 많았을까? 그런 어머니의 마음을 헤아려 본 적이 있었던가? 낳아주시고 건강하게 길러주신 어머니에게 감사하고 사랑한다는 말이 어렵고 힘든 것도 아니었는데 왜 그런 말을 자주 못했을까?

거칠어진 어머니 손이라도 잡고 따뜻한 위로나 감사의 말씀 한번 제대로 못 드린 것이 몹시 죄송하고 아쉽기 짝이 없다. 내 부모님이 자랑스럽고 훌륭하셨다는 이야기를 친구나 이웃에게는 많이 했다. 하지만 어머니가 훌륭했다는 말을 어머니에게도 직접 말씀드렸더라면 무척 흐뭇하게 생각하시고 기뻐하셨을 것이라는 생각도 해 본다. 가끔은 반복해서 또 말씀드렸어도 자식 기른 보람도 느끼시며 더 즐거워했을 터인데 그렇게 못했다. 서로 얼굴을 비비며 가슴으로 포근히 안아 드리며 따뜻한 위로의 말씀도 자주 못했던 것들이 내가 나이가 들어갈수록 자주 생각나고 후회된다.

함박눈 내리는 긴 겨울밤에 공부도 쉬어가며 하라면서 김이 모락모락 나는 삶은 고구마와 땅 속에 묻어놓은 김장독에서 퍼다 주시던 시원하고 새콤달콤한 동치미국물 맛은 잊을 수 없는 어머니가 길 드려준 고향의 맛이었다. 이 글을 쓰면서도 옛날의 동치미국물 맛 생각에 입안에 침이 고일 정도이다. 보릿고개가 시작되는 이른 봄에는 마을 앞 금강에서 잡은 옆구리가 노란 복쟁이황복를 갖은 양념과 함께 가마솥에 끓여 주시던 시원하고 구수한 복쟁이국의 독특한 맛도 잊을 수 없는 내 어머니 손맛이었다.

언제인가 저승에서 어머니를 만나서 시원한 동치미국물이나 구수한 복쟁이국을 다시 먹을 수 있었으면 좋겠다는 어린아이 같은 생각을 할 때도 있다. 어머니 생신 100주년인 금년 가을에는 어머니에 대한 회한悔恨의 골이 더욱 깊어진다.

- 2016년 11월 8일, 중도일보 게재

기술의 전수

아버지와 아들이 짚신장사를 했는데 아버지 짚신은 잘 팔리는데 아들의 짚신은 잘 안 팔렸다. 이상하게 생각한 아들이 '아버지가 만든 짚신은 잘 팔리고 제가 만든 짚신은 잘 안 팔리는데 무엇 때문인지 모르겠어요?'하고 아버지에게 물어보았다.

아버지는 '글쎄다. 네가 만든 집신이 왜 잘 안 팔릴까?' 하며 우물쭈물하면서 넘어간다. 오랫동안 아버지의 답을 기다리던 아들은 또 아버지에게 물어본다. "내가 만든 짚신이 왜 잘 안 팔려요?" 역시 우물우물하며 '다음에 알려주마'라는 대답뿐이다.

그렇게 몇 년이 흘러서 아버지는 늙어 죽음에 이른다. 죽기 직전에 숨을 몰아쉬는 아버지에게 아들이 눈물을 흘리며 또 큰 소리로 물어본다.

"아버지~ 내가 만든 짚신이 왜 잘 안 팔리는지 알려 주세요."

그때서야 아버지는 들릴 듯 말 듯 하는 작은 목소리로 아들에게 '털… 털… 털…' 하면서 아버지는 숨을 거둔다.

아버지를 여의고 상심에 빠져있던 아들은 며칠 후 아버지의 마지막 유언인 '털… 털… 털…'이 무슨 뜻인지 생각해 보았다. 고민하고 고민하던 아들이 '털을 뜯어라'라는 말이었다는 것을 깨닫는다. 짚신을 만들고 나서 잔 지푸라기 '털'을 뜯어내어 깨끗하게 마무리를 하라는 뜻이었다.

이유야 어떠했던 기술의 전수傳授에 인색했던 우리조상들을 꼬집는 이야기이리라.

회사에서 업무에 꼭 필요하니 한국농촌공사가 시행하는 안전진단교육을 받으라는 전화가 왔다. 내 나이에 무슨 교육을 받아요? 하면서 사양을 했더니 꼭 교육을 받아야 된단다. 평생 다니던 직장에 가서 30~40년 후배들에게 교육을 받는다는 것이 즐겁지는 않아서 자의반 타의반으로 교육을 받겠다고 했지만 마음은 무거웠다.

교육 2일째에 '여수로余水路 수리해석'이라는 과목을 수강하였다. 강사는 실무자급의 젊은 공사 직원이었고 강의 경험이 많지 않아 강의기법은 좀 서툰 편이었지만 최선을 다하여 열심히 하는 모습이 진지하고 신선했다. 강의가 진행되면서 강사가 이론이나 실무내용을 확실히 알고 있다는데 놀랐다.

강사가 강의하는 과목을 잘 안다는 것은 당연한 것 이지만 내용이 특수한 분야이기도하지만 이론과 실무를 기초부터 체계적으로 잘 아는 사람이 흔하지 않았기 때문이다. 저런 내용을 어디에서 누구한테 저렇게 확실히 배웠을까 하는 생각에 대견하다못해 신기함을 느낄 정도이었다. 물론 강의 도중 쉬는 시간에 강사에게 칭찬과 격려도 아끼지 않았다.

이번 강의를 들으며 고급기술력을 갖춘 훌륭한 후배들을 보면서 가슴 뿌듯함을 느끼고 큰 감동을 받았다. 내가 젊었을 때 그 기술을 배우려고 노력하고 고생했던 생각이 떠올랐기 때문이었다.

50여 년 전의 이야기 이지만 당시의 직장 선배들은 대부분 기능적인 설계가 많았고 그나마 '짚신장사 털 털 털' 스타일선배도 있어서 이론과 실무를 배우는데 고충이 많았었다.

실제로 내가 입사 3년차쯤에 일이었다. 경북 영덕지구 농업용수개발사업 설계팀으로 편성되었는데 저수지설계에서 가장 어렵다는 홍수배제시설인 여수로餘水路 설계업무가 나에게 배당되었다. 저수지 설계업무 중에 댐의 본체설계와 함께 가장 어려운 설계이고 처음 하는 여수로 설계라 잘 할 수 있을까 걱정도 되었지만 한번은 꼭 해보고 싶은 일이기도 했다.

이런 저런 관련 자료를 수집하고 있는데 건너 방에 있는 박 선배가 좋은 자료를 가지고 있다고 누군가 귀띔을 해 준다. 정중하게 박 선배에게 여수로 수리설계 관련 자료를 부탁을 했다. 박 선배는 '알았어요' 하고 대답만 하고 몇 번을 부탁해도 이런저런 핑계로 자료를 넘겨주지 않는다. 집신장사 털털털 이야기가 떠올랐지만 어쩔 수 없었다. 전통적으로 해오던 방식으로 설계홍수량이 비슷한 여수로의 설계도면과 수리계산서를 참고로 하여 홍수량만 바꾸어 수리설계를 끝냈다.

설계는 끝났지만 수리설계의 이론을 확실히 이해하기 위하여 '수리학' 교과서 등 관련 자료를 참고하며 설계홍수량을 바꾸어가며 수리계산을 여러 번 다시 해봤다. 반복해서 계산을 해보니 수리설계에 필요한 수리학적 이론의 이해는 확실하게 되었지만 실제의 물 흐름이 머리에 뚜렷하게 떠오르지는 않았다.

며칠을 고민한 후 서울 근교에 있는 기존저수지를 찾아가 보았다. 현장에서 여수로를 구석구석 살펴보며 여수로의 부위별 명칭을 확인하면서 물 흐름을 상상해보기도 했다. 현장에서 살펴본 여수로를 떠올리며 수리계산을 다시 해보았다. 결국 수리계산 결과에 의한 물이 흘러가는 상황이 머리에 상상이 되었다.

나는 여수로 수리계산의 이론과 실제 적용방법을 이렇게 배웠다. 그 후 설계팀장, 설계부장, 설계처장 등의 직책을 수행하면서 후배들에게 후회 없이 가르쳐 주기도 했다. 공사 내에 있는 교육원에서 실시하는 직원들의 직무교육과목에 '여수로 수리설계'라는 과목을 신설하여 강의도 여러 차례 하기도 했다.

반백 년이 지난 후 이론과 실무를 확실하게 알고 있는 직장 후배강사의 강의로 다시 공부를 하니 감개무량했고 큰 감동을 받은 것이다. 가슴 뿌듯한 추억과 함께 유능한 후배들을 보면서 이번에 교육 받기를 참 잘했다는 생각을 했다.

100세 시대

고령사회로 진입하면서 백세시대라는 용어가 점점 익숙해진다. 옛날에는 노인에게 오래오래 사시라고 덕담을 했지만 요즘은 오래 사시라는 덕담 대신 건강하시라는 덕담을 한다. 평균수명이 늘어나면서 오래 사는 것은 보편화 되었으니 건강하게 오래사시라는 덕담이리라. 70대 끝자락을 살고 있는 나는 아직은 일상생활에서 육체적이나 정신적으로 건강 때문에 큰 불편함은 없지만 모든 신체기능이 급격하게 떨어지고 있다는 것을 몸으로 느끼며 살고 있다.

60대에 청력이 떨어지기 시작하더니 70대가 되면서 분위기에 따라 대화가 차츰 불편을 느끼기 시작했다. 세 네

명이 하는 대화는 큰 불편이 없지만 운행 중인 버스나 지하철에서 원활한 대화는 어려워진다. 보청기의 도움이 필요하다는 의사의 권고도 있었지만 견디어 본다는 생각으로 버티어 보지만 70대 후반에는 TV 볼륨이 점점 올라가는 등 갈수록 불편이 심각해지고 있는 상태다.

기억력도 70대 중반을 지나면서 급격히 떨어져서 심각성을 느낀다. 거실에서 텔레비전을 보다가 안방으로 물건을 찾으려갔다가 무엇을 가지러 왔는지 생각이 나지 않아 두리번거리다 거실로 되돌아오기도 한다. 처음엔 기분이 묘했지만 차츰 익숙해져간다.

글을 쓰다가 사전이 필요하면 통상 한컴사전을 검색하여 해결하지만 가끔은 책으로 된 국어사전이 필요해서 사전을 손에 들고 단어를 찾으려고 하다가 무슨 단어를 찾으려고 했는지 생각이 안날 때도 있다.

더 황당한 것은 친구에게 전화를 걸려고 주머니에서 휴대폰을 꺼내들었는데 누구한테 전화를 걸려고 했는지 생각이 안날 때는 허탈해지기까지 한다. 두리번거리며 조금 시간이 지난 후에 생각이 나기는 하지만 이런저런 생각이 많아진다.

혹시 치매가 아닌가 하는 생각이 들어서 구청보건소를 찾아가 상담을 했다. 생년월일이나 학력 등을 묻다가 일상에서 사용하는 단어 세 개를 따라하라고 해서 따라했다. 잠시 후에 다시 물어볼 터이니 기억하고 있으라고 말한다. 다른 질문을 몇 가지 더 하더니 조금 전에 말했던 단어 세 개를 말하라고 하는데 두 단어밖에 대답을 못했다. 결과는 30점 만점에 25점 이상이면 되는데 27.5점이니 걱정하지 않아도 된단다.

노인들이 기억력이 떨어지는 것은 공통적이라며 기억을 못할 때 기억을 찾아낼만한 힌트hint를 주어서 기억을 찾아내면 치매는 아닌 것으로 본다고 한다. 치매가 안이라는 상담사의 말에 안심은 되었지만 어쩐지 기분이 가볍지 않아서 전문의를 찾아가 전문검사를 받은 후 특별한 문제가 발견되지 않는다는 전문의사의 소견을 듣고 나서 마음이 편해졌다.

건강한 노후는 축복이다. 하지만 사람이 죽지 않으려고 하는 것은 본능이지만 죽고 사는 것은 본인의 뜻과는 관계없이 결정되는 운명일 뿐이다. 마음을 비우고 순리대로 사는 것이 정답이라는 생각을 한다.

- 2017년 8월 3일, 중도일보 게재

자연의 미소 야생화

芝山 김천환 팔순기념 수필집

초판인쇄 2018년 9월 17일
초판발행 2018년 9월 28일

지은이 김천환
펴낸이 노용제
펴낸곳 정은출판
주 소 서울특별시 중구 창경궁로 1길 29 (3F)
전 화 02-2272-9280
팩 스 02-2277-1350
이메일 rossjw@hanmail.net
ISBN 978-89-5824-376-2 (03810)

값 13,000원